Public Finance and Taxation

公共财政与税收

理论及应用

GONGGONG CAIZHENG YU SHUISHOU

LILUN JI YINGYONG

凌晨 王璐莹 王昶绪 ◎ 著

中国出版集团

中译出版社

图书在版编目（CIP）数据

公共财政与税收理论及应用／凌晨，王璐莹，王昶绪著 . -- 北京：中译出版社，2024.3
ISBN 978-7-5001-7826-2

Ⅰ.①公… Ⅱ.①凌… ②王… ③王… Ⅲ.①公共财政②税收理论 Ⅳ.①F810

中国国家版本馆 CIP 数据核字（2024）第 067197 号

公共财政与税收理论及应用
GONGGONG CAIZHENG YU SHUISHOU LILUN JI YINGYONG

著　　者：凌　晨　王璐莹　王昶绪
策划编辑：于　宇
责任编辑：于　宇
文字编辑：田玉肖
营销编辑：马　萱　钟筱童
出版发行：中译出版社
地　　址：北京市西城区新街口外大街 28 号 102 号楼 4 层
电　　话：（010）68002494（编辑部）
邮　　编：100088
电子邮箱：book@ctph.com.cn
网　　址：http://www.ctph.com.cn

印　　刷：北京四海锦诚印刷技术有限公司
经　　销：新华书店
规　　格：787 mm × 1092 mm　1/16
印　　张：10.75
字　　数：214 千字
版　　次：2024 年 3 月第 1 版
印　　次：2024 年 3 月第 1 次印刷

ISBN 978-7-5001-7826-2　　定价：　68.00 元

前　言

在当代社会，公共财政与税收理论的应用已经成为国家治理体系中的重要组成部分。公共财政与税收的实践和理论构建，不仅对于国家治理体系的完善有着重要的推动作用，同时也对于社会经济的发展和稳定有着不可忽视的影响。

本书围绕公共财政与税收理论及应用展开研究。首先介绍了公共财政与税收的基础理论，包括公共财政基础理论和税收基础理论。接着重点探讨了公共财政收入与支出的相关内容，包括公共财政收入和公共财政支出。随后关注了公共财政风险评估和税收征管效率，分别从宏观和微观的角度进行了分析。最后则将目光投向了公共财政与税收的理论应用，包括公共财政理论应用和绿色税收理论应用。

本书的特色在于系统性和实用性。一方面，本书对公共财政与税收的各个方面进行了全面的梳理和介绍，使读者能够全面了解这一领域的知识体系；另一方面，本书注重理论与实践相结合，通过案例分析和实证研究，使读者能够将理论知识应用于实际问题中，提高解决问题的能力。此外，本书还关注了绿色税收理论的应用，强调了环境保护和可持续发展的重要性，使读者能够在实践中更好地平衡经济发展和社会环境的关系。

总的来说，本书适合广大公共财政与税收理论及应用的研究者阅读，可以作为研究上的辅助用书，对于推动国家治理体系的完善、促进社会经济的发展具有重要的意义。希望本书能够为读者提供有关公共财政与税收理论及应用方面的有益参考。

在书写本书的过程中，笔者深感自己的学识有限，难免会有疏漏和不足之处。因此，诚挚地邀请广大读者对本书进行批评指正，并提出宝贵的意见和建议。同时，笔者也希望能够借此机会与各位学者和专家进行交流和讨论，共同推动公共财政与税收领域的发展。

目　录

第一章 公共财政与税收概论

第一节 公共财政基础理论

一、财政的含义及其发展

(一) 财政的概念理解

"财政"一词在我国应属于外来词。财政的一般定义是指财政在不同时期、不同类型财政的共同性质。自古以来,财政是国家(政府)为实现其职能,为了满足社会公共需要,运用国家权力强制地、无偿地参与一部分社会产品的分配而形成的分配关系。与微观经济主体的企业财务和家庭理财相比,国家或政府的理财活动本身就具有公共性,所以财政、国家财政、政府财政和公共财政是大体相同的概念。

财政的一般定义包含以下的内容。

1. 财政的分配主体是国家

财政的分配主体是国家,指的是政府在财政活动中居于主导地位,并形成政府与其他经济主体之间的分配关系。财政在社会再生产中处于分配环节,财政的分配主体是国家,这是财政分配有别于其他经济分配的基本特征。[①] 国家运用手中的权力,不仅决定着财政收入向谁征、征多少、何时征、怎么征,而且决定着财政资金支出的用途、数量和支用的时间,其他主体则必须按照国家的规定去完成收支的任务。在国家与各方面所构成的分配关系中,虽然国家处于主导地位,但国家不能随心所欲地滥用权力,财政分配关系必须适应生产力的要求,必须在符合客观经济规律的范围内发挥国家的主导作用;如果国家违背客观经济规律而任意发挥其主导作用,如征税超过了纳税人的负担能力、支出铺张浪费,这必然会受到客观经济规律的惩罚;当然,如果财政分配关系中的另外一方不承认国家的主导地位,藐视国家财政权力,也将会受到法律的制裁。

2. 财政分配的目的是满足社会公共需要

财政分配的目的是满足国家实现其职能的需要,这种需要属于社会公共需要。所谓社

---

① 李品芳. 公共财政与税收教程 [M]. 上海:上海财经大学出版社,2017:17.

会公共需要，是指向社会提供安全、秩序、公民基本权利和经济发展的社会条件等方面的需要。根据性质的不同，可以分成以下三个层次：

（1）满足纯社会公共需要。这类需要既包括保证执行国家职能的需要，如国防、法庭、监狱、外交、行政管理等，还包括某些社会职能的需要，如普及义务教育、卫生保健、生态环境保护等。

（2）满足半社会公共需要。即在个人需要与社会公共需要之间难以划分的一些需要，如高等教育、公共游泳池、大礼堂、大剧院、人才交流、社会保障等。这些需要既是社会发展所必需的，也是个人所需要的，所以可以不付费或付较少的费用。

（3）满足生产性与非生产性建设的社会公共需要。大型公共设施，如邮政、电信、民航、铁路、公路、煤气、电力、城市公共设施等，这些再生产的共同的外部条件具有广泛的外部经济效益，因而具有垄断的特性，在许多国家都是通过财政投资来满足的。

财政分配的目的是满足社会的公共需要，因此也称为"公共财政"。

3. 财政分配的依据是凭借国家的权力

国家的权力包括政治权力和财产权力。财政分配既然是为了实现国家所代表的公共需要，是以国家为主导的分配关系，那么，在实现财政分配关系中，国家以社会管理者身份，首先运用国家政治权力。国家政治权力的运用包含立法权、行政权、司法权三个方面，政治权力在经济上实现的主要形式之一就是税收。国家通过立法，规定了征税的基本权力。国家财政机关，根据国家法律赋予的行政权力，对企业和居民实行财政征收，对社会公共需要支付财政资金，并对违反财政法规者给予行政处罚。司法机关则对那些违反财政法规的居民和单位给予法律制裁。国家依据政治权力的财政征收，多数具有强制性和无偿性的特点，如税收通常由国家依据法律征收，而不管纳税人是否自愿，并且也不会直接返还给纳税人。

国家除了拥有政治权力，还拥有财产权力。国家以财产所有者身份，依据对生产资料的占有权，实行国有资产的有偿使用，如征收使用费、租赁费、取息分红等。运用财产权力参与分配时，国家与当事人形成一种契约式关系。国家运用财产权力参与分配，是以国家政治权力为依托的：通过立法，规定哪些财产属于国家所有、国有资产有偿使用的程序和方法。国家还以国家信用形式参与分配，国家作为债权人，让渡其商品使用权，以收取利息为代价；国家作为债务人，暂时取得商品使用权，以付出利息为交换代价。国家信用分配也不是孤立进行的，它以国家财产权力为后盾，以国家政治权力为辅助力量。

4. 财政分配的对象是一部分社会产品

社会总产品是一个国家在一定时期内（通常指一年）物质生产部门的劳动者所生产出

来的物质财富的总和。财政参与一部分社会产品的分配，主要来源于剩余产品（M），它既不是社会产品的全部，也不是剩余产品的全部，只是其中的一部分。财政参与社会产品的分配主要是为了国家满足其实现职能的基本收入来源。通常，社会总产品首先要在企业里进行初次分配，即先要在社会总产品中扣除补偿生产资料的耗费和支付职工的劳动报酬，然后剩下的企业纯收入相当于剩余产品部分，才成为财政分配的主要对象。因此，明确财政分配的对象实际上明确了财政的分配量，这对于我们分析财政收入的规模具有重要意义。

国家与政府是既有联系又有区别的两个概念。国家（State）从广义上讲，是指拥有法律强制手段的一套机构。国家在其领土之内享有制定法规的垄断权，通过有组织的政府来实现。

政府（Government）这一概念在不同的场合有不同的含义，它可以指权力的行使、管理的过程，也可以指"有秩序的法规"的状况、机构的结构和安排或如何与被管理者发生联系。日常生活中，我们经常将国家和政府这两个词汇交替使用，本书也是如此。

（二）财政的发展历程

1. 财政产生的条件

财政既是一个历史范畴，也是一个经济范畴。财政是人类社会发展到一定历史阶段的产物，随国家的产生而产生。从中国财政产生的过程来看，财政是社会生产力和生产关系发展到一定阶段，有了剩余产品，出现私有制，产生了阶级，继而伴随着国家的建立而产生的一种特定的经济范畴。因此，财政产生的条件是国家的产生和私有制的出现。

2. 财政产生的过程

在我国原始社会的初期和中期，社会生产力水平非常低下，社会产品只能维持最低的生活需要。在原始氏族公社范围内，氏族成员过着共同劳动、共同占有劳动成果的原始共产主义生活。在这一漫长的历史时期内，氏族成员以共同劳动形式取得的成果，在满足全体成员最低限度的生存需要后基本没有什么剩余；作为劳动成果的产品，也只能在氏族内部成员中进行大致平均的分配。

原始社会末期，人类社会先后出现了三次大分工，即农业与畜牧业、手工业与农牧业、商业与物质生产领域的分工。劳动生产力水平迅速提高，社会发展发生了重大的变化：一是随着社会分工有了大量的剩余产品及产品的生产与交换，产生了社会的共同需要；二是各个家庭逐渐脱离氏族群体而成为独立的生产、消费单位，产生了私有观念与私有制；三是氏族首领日益脱离生产并开始凭借自身权力占有剩余产品，逐渐成为利用其职权占有他人劳动果实、依靠剥削他人为生的氏族贵族与奴隶主，同时战俘及一部分贫困的氏族成员逐渐沦为奴隶，社会逐步分裂为两个利益根本对立的阶级；四是随着阶级冲突，氏族贵族与奴隶主为了维持其统治地位，建立了监狱、法院、警察和军队等一系列的暴力机构，于是出现了一种从社会中产生但又自居于社会之上且日益同社会脱离的力量——国家。①

国家为了维持其存在、满足社会公共需要，必然需要消耗一定的物质资料。但国家本身并不直接从事物质资料的生产，只能依靠其政治权力，通过强制的、无偿的手段将一部分社会产品征为己有，从而在整个社会产品分配中分化、独立出一种新的分配范畴，一种以剩余产品的出现作为经济条件，以私有制、阶级和国家的出现作为政治条件的经济范畴——财政，即以国家为主体并依赖于国家的政治权力而进行的社会产品的分配范畴。

3. 财政的发展

财政随着国家的产生而产生，也随着国家的发展而发展。在不同的社会形态中，财政的分配形式、作用范围、规模和数量也有所不同。

（1）奴隶制国家财政

奴隶制社会是人类历史上第一个以私有制为基础的社会。在奴隶制社会中，奴隶主占有一切生产资料和奴隶。奴隶制国家是为维护奴隶制而建立的暴力机器，国家财政是在奴隶制社会基础上逐步形成和建立起来的。奴隶制国家的财政来源是直接占有奴隶的剩余劳动，其财政收入主要包括王室的土地收入、贡赋收入和捐税收入，财政支出主要包括军事支出、王室支出、维护国家政权机构支出、宗教祭祀支出和少量的农业生产建设支出。

在奴隶制国家财政发展过程中，国家财政特征主要体现在：一是奴隶主直接占有生产资料和奴隶，直接占有奴隶的剩余劳动；二是自然经济占据主导地位，社会产品分配一般采取实物形式，财政分配也采取实物的形式；三是财政管理不完善，国王的个人收支和国家财政收支混淆不清，财政收支也很不稳定。奴隶制国家的财政特征，说明国家财政还处于初级阶段。

（2）封建制国家财政

进入封建社会以后，封建地主阶级占有生产资料，农奴依附于封建地主，同时也存在着农民和手工业者的小私有经济。封建制国家财政收入主要包括官产收入、赋税收入、专卖收入和特权收入等，财政支出主要有军事支出、国家机构支出、皇室支出、宗教支出和一定的兴修水利、发展生产支出等。

在封建制国家财政发展过程中，国家财政特征主要体现在：一是税收成为国家财政的

---

① 王曙光. 财政学 [M]. 北京：科学出版社，2010：6.

主要收入；二是随着生产力的日益提高，商品经济和货币关系日益发展，封建社会初期的财政分配形式以实物为主、货币为辅，封建社会中后期则以货币为主、实物为辅；三是财政管理日趋完善，国家财政与王室财政分开，并设立专门机构管理；四是随着封建社会后期国家各项支出的增长，统治阶级开始举借公债以满足国家庞大支出的需要，国家财政收支开始实施计划性管理和国家预算管理。

（3）资本主义国家财政

资本主义社会的社会化大生产使商品经济成为社会经济的主体，劳动力变成商品，生产资料变成资本，资产阶级占有生产资料并无偿占有雇佣劳动力创造的剩余价值。国家财政收入主要是税收，以及国家通过对直接拥有的财产进行开发经营取得的国有财产收入和国有企业经营收入；财政支出主要包括军事、政府机关、社会福利、经济建设和社会文教卫生方面的支出。其财政特征主要是：分配形式完全货币化，财政收支规模较小，财政支出主要用于行政性开支，没有赤字，经常保持财政收支的基本平衡。

随着资本主义社会逐步过渡到垄断资本主义阶段，人们对国家提出了更高的公共服务要求。随着国家社会职能不断增加，相应地提供公共产品的范围也不断扩大，财政不仅要为政府管理国家提供经费，而且还要提供不可缺少的社会福利资金甚至是某些经济支出。其财政特征主要是：财政收支规模扩大，内容也发生了巨大变化，财政不仅是保证国家机构运行的需要，而且也成为政府干预社会经济的主要手段。

（4）社会主义国家财政

社会主义国家财政是以生产资料公有制为主体的经济制度下的财政，与资本主义财政在形式上基本相同，但实质却迥然不同。在中国改革开放的过程中，社会主义财政经历着一系列的变革，如何认识社会主义国家财政的性质、内容和特点，可以说还是一个新的课题，还需要在实践中逐步完善。我国社会主义国家财政的特征和内容，详见以后各章的研究内容。

二、 公共产品与公共财政的含义

（一）公共产品

1. 公共产品的含义

公共产品是指可供社会成员共同消费的产品，即满足社会公共需要的产品。这类产品可同时为众多社会成员享用，每一个社会成员对该产品的消费都不会减少其他社会成员对该产品的消费。最典型的公共产品有国防、治安、气象预报等。公共产品是与私人产品对应的，私人产品是满足个人需要的，通过市场供给；而公共产品是满足社会公共需要的。

在社会经济生活中，公共产品不能由市场来提供，只能通过政府财政支出来保障。

2. 公共产品的特征

公共产品有别于私人产品的特征，主要表现在三个方面：

（1）效用不可分割性。公共产品效用不可分割性是指公共产品作为一个整体向社会提供，没有一定的计量单位，消费者消费公共产品一般不能自主选择消费的数量，通常是所有的消费者都消费同样数量的公共产品，不能分割成若干部分。

（2）非竞争性。非竞争性是指公共产品可以提供给任何人消费，每个消费者的消费并不影响其他消费者的消费数量和质量。例如，当某一灯塔建成并投入使用后，无论是一艘船还是几千艘船经过，其产生的效果都是相同的，即每增加一个消费者并没有引起总成本的增加，因而边际成本为零。

（3）非排他性。非排他性也称为消费上的非排斥性，是指这类产品在技术上不易排斥众多的受益者的消费。公共产品在消费过程中产生的效用不能被某个消费者个体所专有，若要限制其他人享受这种物品带来的好处则代价太大，即在国家法律制度的许可范围内，人人都可以享受因公共产品的提供带来的任何利益。

公共产品的效用不可分割性、非排他性和非竞争性的特征，使公共产品的需求方普遍具有免费"搭便车"心理，而公共产品的供给方也必然难以通过提供这一产品带来直接的经济利益，因此，公共产品的提供是任何私人企业都不能接受的。由此可见，单纯依靠市场机制，是难以实现公共产品的有效供给的。因此，为了实现社会稳定与发展及国民福利增长的需要，公共产品只能通过政府的作用由公共部门来提供。

3. 公共产品的分类

（1）纯公共产品。纯公共产品是指那些为整个社会共同消费的产品。同时体现非分割性、非排他性和非竞争性的产品，则为纯公共产品。例如，国防给人们带来的安全利益是不可分割的，人们在消费这类产品时，消费者只能共享，而且不受影响地共享，增加消费者的人数并不影响其他消费者的消费数量和质量，是非竞争性的；国防产品投入消费领域，任何人都不能独占专用，要想将其他人排斥在该产品的消费之外不允许他享受该产品的利益，是不可能的，即具有非排他性。除了国防属于纯公共产品外，如外交、立法、司法和政府的公安、环保、工商行政管理，以及从事行政管理的各部门所提供的公共产品都属于这一类，纯公共产品一般由政府提供。

（2）准公共产品。只具备非排他性和非竞争性中的一个，而另一个表现不充分，则为准公共产品（混合公共产品）。

第一，具有非排他性和不充分的非竞争性的公共产品。例如，教育产品就属于这一类。教育产品是具有非排他性的，对于处于同一教室的学生来说，甲在接受教育的同时，并不会排斥乙听课，也就是说，A 在消费教育产品时并不排斥 B 的消费，也不排斥 B 获得利益。但是，教育产品在非竞争性上表现不充分，在一个班级内，随着学生人数的增加，校方需要的课桌椅也相应增加；随着学生人数的增加，老师批改作业和课外辅导的负担加重，成本增加，故增加边际人数的教育成本并不为零，若学校的在校生超过某一限度，学校还必须进一步增加班级数和教师编制，成本会进一步增加，因而具有一定程度的消费竞争性。正是由于这类产品具有一定程度的消费竞争性，因而称为准公共产品。

第二，具有非竞争性特征，但非排他性不充分的准公共产品。例如，公共道路和公共桥梁就属于这种类型。受特定的路面宽度限制，甲车在使用道路的特定路段时，就排斥其他车辆同时占有这一路段，否则会产生拥挤现象，因此，公路的非排他性是不充分的。但是，公共道路又具有非竞争性，它表现为：一是公共道路的车辆通过速度并不决定某人的出价，一旦发生堵塞，无论出价高低，都会被堵塞在那里；二是当道路未达到设计的车流量时，增加一定量的车的行驶的道路边际成本为零，但若达到或超过设计能力，变得非常拥挤时，需要成倍投入资金进行拓宽，它无法以单辆汽车来计算边际成本。正因为这类公共产品具有非竞争性和不充分的非排他性，因此也称为准公共产品。

纯公共产品的范围是比较狭小的，但准公共产品的范围较宽，如教育、文化、广播、电视、医院、应用科学研究、体育、公路、农林技术推广等事业单位，其向社会提供的产品属于准公共产品。此外，实行企业核算的自来水、供电、邮政、市政建设、铁路、港口、码头、城市公共交通等，也属于准公共产品的范围。准公共产品一般由准公共组织提供，也可以由私人提供。

（二）公共财政

尽管作为资源配置的一种方式，市场经济是迄今为止最有效率和最富活力的方式，但市场并不是万能的，市场经济运行中所产生的无效率以及不公平，要求政府从多方面介入社会经济运行。公共财政就是政府通过本身的收支活动来纠正市场失灵的一种十分重要、不可或缺的手段。

1. 公共财政的含义

公共财政一词源于英文"Public Finance"，"Public"有"公共"的意思，"Finance"有"财务"与"融资"等意思。两者合在一起，将其翻译成"公共财政"或"政府融资"。在西方国家，"Public Finance"就是指财政。公共财政是与私人财务相对应的概念，通常我们将公共财政的内涵概括为：在市场经济条件下，为了弥补市场失灵，满足公共需要，由政府向社会提供公共产品或服务而形成的资金收支分配活动或经济行为。公共财政是满足社会公共需要而进行的收支活动，其实质是市场经济财政。

2. 公共财政的特征

（1）公共性

公共财政是以满足社会公共需要为主要目标，因此其职能范围应以弥补市场失灵为限度：凡不属于社会公共需要，可以由市场有效提供的公共产品或服务，财政就不应介入；凡属于社会公共需要，市场不能有效提供的公共产品或服务，财政就应该介入。由于共同消费领域市场难以全面提供社会所需产品，公共财政应在这一领域提供产品或服务。因此，政府通过自身收支活动而满足共同消费需要，直接弥补市场的失效。

（2）非营利性

营利性是人们进行市场活动的直接动力。市场之所以产生市场失灵，根本原因是厂商无法确保其应有的基本盈利。这就要求政府以社会管理者的身份，将社会公共利益作为其活动的目的，从事非营利性活动，而不是以取得盈利为目的。公共财政活动的非营利性主要表现在：财政资金主要用于满足公共产品的需要，不追求资金的增值；财政活动完全以社会利益为出发点安排各项财政收支，财政收支活动不考虑获取利润。

（3）法治化

财政的法治化，是以权力制衡的、规范的公共选择作为决策机制，通过政府预算的法律权威，根本性地约束、规范和监督着政府的财政行为，从而使得财政鲜明地体现出社会公众的财政的性质。由于财政收入是由社会成员所缴纳，其中构成财政收入主要来源的税收，政府必须依据税法征收，而公民必须依法纳税，任何形式的抗税都是一种违法行为。经过批准的财政预算支出必须用于向社会成员提供公共物品和服务，没有获得权力机关批准的政府预算，政府也无权随意使用。

（4）公开性

所谓公开性，就是政府预算、政府收支活动的透明性。由于财政收支及其差额带来的成本和效益最终仍要落到公民的身上，公民有权利要求政府财政收支行为的透明化，使公共财政在阳光下运作；政府也必须将所有的收支计划和活动过程，除了某些特殊的例外，向权力监督机构公开、向社会公众公开，同时，必须接受社会公众、权力监督机构和社会舆论的监督。当然，公民对财政支出提出不同意见，如有的要求建一条公路，有的则要求建一个公园，财政支出也不能完全按某一公民的意见做出决策，在民主政治的前提下，必须通过一定的政治程序做出决策，并依法公开、强制实施。

三、 财政与公共财政的共同点和差异

前面我们说明了财政一词的来源及其含义。近年来，在中国财政改革中，提出了市场

经济体制下的财政应是"公共财政"，并提出"构建公共财政框架"的命题，于是出现两个词同时并用，而且对两个词赋予不同的含义，由此引起一场学术争论。因此，这里需要加以说明。在理解公共财政时，应当注意它们之间的区别和联系。[①]

（一）财政与公共财政的共同点

在英文中，"Finance"一词有金融、财务等多种含义，因此，在表达政府收支即财政的意思时，必须加"Public"这个词加以限定，否则容易引起误解。Public Finance 译为中文有意译和直译两种译法，意译就是译为财政或财政学，也有人直译为公共财政或公共财政学。总之，从词语的来源上考察，财政与公共财政在英文中实际上是同一个词，只是译为中文的译法不同。随着我国当前经济改革朝着纵深化发展，对财政的内容进行深入探讨，以便把握市场经济条件下财政运作的基本规律，这不仅会推动我国财政理论的发展，而且能很好地服务于社会主义市场经济条件下财政改革的实践。

（二）财政与公共财政的差异

既然在"财政"之外又同时使用"公共财政"一词，就必须赋予"公共财政"有别于"财政"的特殊的意义。据了解，公共财政只能是针对我国转型时期的财政，作为构建社会主义市场经济财政体制模式而提出的，其实质是公共财政是对市场经济条件下的财政模式和财政理论的概括。

公共财政与财政两者的关系是个性与共性的关系。财政是一个历史范畴，其自身处于发展演变过程中。考察财政的发展演变过程可以选择不同的角度，比如，按照财政经历的社会形态不同，财政经历了奴隶制财政、封建制财政、资本主义财政和社会主义财政四个发展阶段。按照财政经历的经济组织形式的不同，财政经历了自然经济条件下的传统财政（家计财政）和市场经济条件下的公共财政。

众所周知，随着分工、交换范围的扩大和程度的加深，商品经济取代了自然经济，而商品经济就是市场经济的早期发展阶段。在市场经济条件下，虽然市场在特定条件下配置资源是有效的，但是毕竟存在市场失效，这就需要公共财政加以弥补和纠正。

因此，公共财政是财政发展到一定历史阶段而必然产生的一种财政类型和财政模式。我国经济体制改革是在坚持社会主义经济制度的前提下资源配置方式的改变。过去长时间内实行计划经济体制，统一的计划决定一切、包揽一切，自然也是实行"大一统"的财政体制。现在实行市场经济体制，市场在资源配置中起基础性作用，资源配置方式改变了，

---

①袁崇坚．财政学［M］．上海：上海财经大学出版社，2009：17．

国家的经济职能要改变面貌，随之财政定位和财政职能也要改变。

所以，公共财政是对应"大一统"的财政体制而提出的，它的实质意义是以"公共财政"这个词来进一步明确、界定和规范财政改革的方向，目标是构建符合社会主义市场经济体制的财政体制。但很明显，财政并不都是市场经济条件下的财政，在非市场经济条件下同样也存在财政范畴，因此，公共财政是财政，但财政并不都是公共财政。公共财政与财政是个性与共性、特殊与普遍、个别与一般的关系。

第二节　税收基础理论

一、税收及税收分类

税收是一个古老的财政范畴。早在 18 世纪，亚当·斯密在其所著的《国民财富的性质和原因》一书中就曾指出，税收是"人民拿出一部分自己的收入，给君主或国家作为一笔公共收入"。此后，英国古典政治经济学家大卫·李嘉图、德国历史学派代表人物财政学家瓦格纳、美国财政学家塞里格曼及美国著名经济学家萨缪尔森等都对税收的定义进行过论述。综观各位经济学家对税收定义的描述，尽管在语言表达上不尽相同，但在本质内容上还是具有一致性的，即是政府对于人民财产或收入的一种强制征收，是国家支出的收入来源，税收是对国家支出的补偿，并且这种国家支出是为了谋取公共利益。

综观各方的观点，我们认为，税收是国家或政府为满足社会公共需要，凭借政治权力按法律预先规定的标准，强制地、无偿地参与国民收入分配，取得财政收入的一种形式。对税收的内涵可从以下几个方面来理解：一是国家征税的目的是向社会全体成员提供社会需要的公共产品和公共服务；二是国家征税凭借的是公共权力（政治权力），税收征收的主体只能是代表社会全体成员行使公共权力的政府，其他任何社会组织或个人都是无权征税的，与公共权力相对应的必然是政府管理社会和为民众提供公共产品的义务；三是税收是国家筹集财政收入的主要方式；四是税收必须借助法律形式进行，国家法律规定相应的标准，对什么征税和征多少税，是通过法律形式事先规定的，征纳双方都必须遵守。

（一）税收的特征

税收的特征，通常被概括为三性，即税收作为政府筹集财政收入的一种分配形式，同其他财政分配形式相比，具有强制性、无偿性和固定性的特征。

1. 税收的强制性

税收的强制性是指税收是国家以社会管理者的身份，凭借国家的政治权力，通过颁布法律或政令来进行强行征收。它和生产资料的占有没有直接关系，既不是由纳税主体按照个人意志自愿缴纳，也不是按照征税主体随意征税，而是依据法律进行征税，即税收是通过国家法律形式予以确定的，税收的强制性体现在纳税过程中，纳税人必须根据税法的规定照章纳税，违反税法的规定都要受到法律制裁。强制性是税收"三性"的前提。

2. 税收的无偿性

税收的无偿性是指国家通过征税所取得税收收入，既不需要偿还，也不需要对纳税人付出任何代价。税收的这种无偿性特征，反映的是一种社会产品所有权、支配权的单方面转移关系，而不是等价交换关系。税收的无偿性是区分税收收入和其他财政收入形式的重要特征。无偿性是税收"三性"的核心。

3. 税收的固定性

税收的固定性是指在征税前，国家就通过法律形式，预先规定课征对象和征收数额之间的数量比例，不经国家批准征纳双方不能随意改变。它包括两层含义：第一，税收征收总量的有限性，由于预先规定了征税的标准，政府在一定时期内的征税数量就要以此为限，从而保证税收在国民经济总量中的适当比例；第二，税收征收具体操作的确定性，即税法确定了课税对象及征收比例或数额，具有相对稳定、连续的特点。既要求纳税人必须按税法规定的标准缴纳税额，也要求税务机关只能按税法规定的标准对纳税人征税，不能任意降低或提高。对税收固定性特征的理解也不能绝对化，这是就税法不变的情况下说的，而随着社会生产力和生产关系的发展变化、经济的发展，以及国家利用税收杠杆的需要，税收的征收对象、范围和征收比例等，不可能永远固定不变。

不过，税收的改革和调整，课税对象和税率的变化，都必须通过法律形式确定下来，并在一定时期内稳定不变。因此，税收的固定性只能是相对的。税收的固定性特征具有重要意义：它有利于保证国家财政收入的稳定，也有利于维护纳税人的法人地位和合法权益。税收之所以能够成为调节经济的重要杠杆，是同税收的固定性特征分不开的。

税收的上述三个特征是密切联系的。税收的无偿性决定着征收的强制性，因为如果是有偿的话就无须强制征收；而税收的强制性和无偿性又决定和要求征收的固定性，否则，如果国家可以随意征收，那就会侵犯、剥夺现有的所有制关系，使正常的经济活动无法维持下去，从而会危及国家的存在。当然，征税本身也是对所有权的一种侵犯，但由于税收的固定性，则把这种侵犯限制在所有制允许的范围内。税收的强制性、无偿性和固定性是统一的，缺一不可的。只有同时具备这三个特征才构成税收。例如，没收和罚款也可以构成财政收入，也是强制的和无偿的，但对缴纳者来说却不是固定的。

（二）税收的职能

税收的职能是指税收本身内在的固有的功能。税收的职能是由税收本质决定的。在不同的历史时期，随着生产力和生产关系的不断发展和变化，国家的职能在不断地扩大，税收的职能也在不断地发展变化。在奴隶社会和封建社会，税收的职能主要表现在为国家机器正常活动筹集经费的财政职能方面。在资本主义社会，尤其是进入垄断资本主义之后，随着资本主义经济和政治发展过程中的各种内在矛盾的不断深化，国家的职能在不断地扩大，税收在继续发挥财政职能的同时，又增加了稳定经济和公平分配的职能。在我国市场经济体制下，税收的职能主要表现为以下两个方面。

1. 筹集财政资金职能

世界上任何国家和地区都是主要依靠税收取得财政收入的。我国进行现代化建设，保证国家机器正常运转，用于基础设施和公共事业的支出，对国民经济实行宏观调控等，都必须有足够的资金作为后盾。而资金的来源就是用税收手段从社会产品中所做的扣除。为国家筹集财政资金过去是、现在是、将来仍然是税收最基本和最重要的职能。

在我国目前经济改革时期，各项事业迅速发展，使国家对财政资金的需求变得十分紧迫。从资金数量上看，通过税收形式所筹集的资金，是国家财政收入的重要来源。税收收入有力地保证了国家经济的稳步增长。

2. 调节社会经济职能

（1）调节宏观经济职能

第一，调节社会需求总量。税收对需求总量的调节主要表现在两个方面：首先，利用税收对经济所具有的内在稳定功能来调节经济；其次，可以根据不同时期的经济形势，制定相应的税收政策或措施来稳定经济。稳定经济的税收政策包括两个方面，即扩张性的税收政策措施和紧缩性的税收政策措施。

第二，调节经济运行结构。一是通过减免税可激励劳动、激励储蓄，扩大投资，改善生产要素的供给水平。从税收对劳动投入的影响来看，征收所得税会产生两种效应：征税减少纳税人可支配的收入，从而可起到激励人们增加劳动的作用；但同时征税也可能导致人们减少劳动，从而对劳动起到反向激励的作用。一般来说，减少所得税的累进幅度、降低税率会激励人们做更多的工作。从税收对投资的影响来看，由于企业投资水平决定于储蓄水平，因此，税收对投资的影响又取决于税收对储蓄的影响。而税收对储蓄的影响主要表现为：对收入征税，可以减少个人可支配的收入，减少储蓄，从而减少投资；对利息征税，可减少储蓄报酬，使人们减少储蓄、扩大消费。因此降低税率、减少税收，有利于增加储蓄、减少消费、扩大投资。二是运用加速折旧和投资抵免在税收上的优惠来扩大投资。通过加速折旧，缩短了固定资产折旧年限，相当于政府对企业的无息贷款，减轻利息负担，鼓励企业对设备更新的投资；通过投资抵免，是让企业把投资按一定比例从当年应纳税款中扣除，从而减少企业纳税。三是运用税收可以缓和成本推动型通货膨胀。在物价工资攀比上升导致的成本推进型通货膨胀期间，如采取紧缩政策，增加所得税、增加销售税，尽管会减少需求，但同时会导致工资及成本上升，使滞胀进一步恶化。因此，对于经济滞胀，主要是应削减销售税，同时对个人所得税实行指数化，以消除通货膨胀对税收负担的影响，从而控制工资升级，降低成本。

（2）调节微观经济职能

第一，调节生产和消费。在社会再生产过程中，税收对生产和消费的调节，是税收的重要作用之一。国家可采取对不同的对象制定不同的税收政策的方式，鼓励短线产品生产，限制长线产品生产；鼓励某些生产事业、某些生产经营方式的发展，限制某些生产事业、某些生产经营方式的发展；鼓励某些产品的消费，限制某些产品的消费。这样，就会有利于促进产业结构、产品结构、企业组织结构的合理化。税收的这种作用大多是与价格相配合来体现的，也有的是单独运用税收调节的作用来体现的。当然，这都是与调节企业盈利紧密联系着的。在调节消费方面，税收的作用也是极其重要的。一是通过征收个人所得税等减少消费基金总量；二是通过征收特别的消费税等减少消费，限制需求欲望。我国目前主要采取第二种方式进行调节。

第二，调节级差收入。企业间利润水平的差异固然有其主观原因，但也与其相关的自然资源、技术设备、地理位置、交通条件等客观因素有着密切关系。客观因素造成企业间的级差收入，这种收入，并不反映企业经营管理的水平。经营管理好的企业，可能因客观条件差而利润较少，经营差的企业，可能因客观条件较好而利润较多。这种不合理的状况，不利于企业在同等条件的基础上平等竞争，会挫伤企业改善经营管理、加强经济核算的积极性。通过经济手段，运用税收，把这些级差收入合理地集中到国家手中，可以排除客观因素对企业利润水平的影响，使企业利润真正反映企业的经营管理水平。

第三，调节个人收入水平。在社会经济生活中，由于人们所处的地位和条件不同，个人之间的收入水平可能出现悬殊的问题。通过税收的调节，对不同的收入实行高低不同的税率征税或免税，有利于改善个人收入之间的悬殊状况，也有利于国家集中资金，发展国民经济。

3. 监督经济活动职能

税收是分配社会产品的一个重要工具。在征税过程中，必然要进行税收管理、纳税检查、税务审计和统计、税源预测和调查等一系列工作。这些工作一方面能够反映有关的经济动态，为国民经济管理提供依据；另一方面能够对经济组织个人的经济活动进行有效的监督。通过日常深入细致的税务管理，具体掌握税源，了解情况。由于税收是一种无偿的分配，分配的结果是直接减少纳税人的既得利益，它本身就要求税收必须具有监督管理功能，以使这种无偿性的分配得以顺利实现。所以，监督管理也是税收内在的一个重要属性，税收监督经济活动可以维护财政资金的安全可靠，保证财政收入及时足额缴入国库。

税收的监督管理贯穿了税收活动的全过程。从税收制度的制定到税收收入的入库，都必须体现税收监督管理的职责和功能。否则，国家的财政收入就得不到保障，税收调节经济的职能也难以实现。税收监督管理职能所涉及的范围也十分广泛，就当前我国的经济结构看，涉及国有、集体、个体、外资、合资、乡镇、街道、个人及各种经济，就再生产过程而言，涉及生产、交换、分配、消费各环节；就企业内部而言，涉及全部生产、供销、成本、利润、各项基金的分配和使用，以及工资、奖金发放等全部经营活动。因此，必须充分认识税收的监督管理职能，在更广阔的领域里，极大地发挥税收监督管理的作用，以保证国民经济按照预定的目标顺利运行。

上述税收的财政、经济及监督管理职能，不是孤立的，而是一个统一的整体，统一在税收的分配手段中。对于税收三个职能各自的地位问题，我们应用辩证的观点来看待。从税收产生的原因来考察，组织财政收入是税收的始发职能。随着国家经济职能的加强和商品经济的发展，税收调节经济的职能则越来越具有重要的地位。在我国社会主义现阶段，应强调税收的社会经济职能，在基本保证国家取得正常财政收入的情况下，要把税收的经济职能提到主导位置，并以此为基准来完善我国的税收制度，使我国税收真正成为促进社会主义市场经济发展的强有力手段。

（三）税收分类

税收是一个总的范畴，一个国家的税收是由许多不同的具体税种构成。税收分类，是按照一定的标准，将性质相近或相似税种归并成若干类别。科学合理的分类，有助于我们研究各类税种的特点、性质、作用和它们之间的内在联系，分析和评价税收制度，发挥税收的杠杆作用，并为建立和健全适合国情的现代税收制度和相应的征收管理制度提供依据。

1. 按课税对象的不同分类

按课税对象的不同，可分为商品和劳务税类、所得税类、资源税类、财产税和行为税类、特定目的税类。商品（货物）和劳务税是以商品生产、商品流通和劳动服务的流转额为课税对象的各个税种组成的总体，以商品交换为前提，其计税依据是商品销售收入额或劳务服务收入额，因此又被称为商品课税，它不受纳税人经营成本、费用水平的影响，税源比较稳定，税基广阔，是我国最主要的税种。所得税是以单位或个人在一定时期的所得额为征税对象的各个税种组成的总体，包括企业所得税、个人所得税。所得税属于终端税种，由于它体现了纳税能力负担的原则，即所得多的多征、所得少的少征、无所得的不征，因此，目前已经成为世界各国税收制度中的主要税种。资源税是以自然资源为课税对象的税种；财产和行为税是以纳税人所拥有或支配的财产，以及对纳税人的某种特定行为为课税对象的一类税收；特定目的税是以纳税人的某些特定行为为课税对象的税种。按课税对象分类是税收分类中的最主要的方法，它是设计合理的税制结构、制定可行的征收管理办法、正确处理税收分配关系的必要前提。

2. 按税负能否转嫁分类

按税负能否转嫁，可分为直接税和间接税。直接税一般是指税负不能转嫁的税种。如个人所得税、企业所得税等属于此类。缴纳直接税的纳税人既是缴税人又是税收的最终负担人。间接税是指税负可转嫁的税种，如增值税、消费税、营业税等商品和劳务税属于此类。缴纳间接税的纳税人只是缴税人，不一定是税款的最终负担者。

3. 按计税依据为标准分类

按计税依据为标准，可分为从价税和从量税。从价税即从价计征的税种，以征税对象的价值量为计量依据，按一定比率计算征收的税种。其应纳税额随征税对象的价值量的变化而变动，如增值税、消费税、营业税、关税等。从量税即从量计征的税种，指以征税对象的数量、重量、容积或体积为计量依据来计算征收的税种。

应纳税额不随征税对象的价格变化而变动，如城镇土地使用税、车船税等。从价税在一般情况下，征税对象价高则税多，价低则税少，税收负担比较合理，但是却不利于促进企业改进商品包装，因为改进商品包装而价格提高后，税额也会增加；从量税则有利于鼓励改进商品包装，计算也比较简单。

4. 按税收与价格的关系分类

按税收与价格的关系，可分为价内税和价外税。价内税是指税金包含在商品价格之中，按含税价计征的税种，例如消费税；价外税是指税金附加在课税对象价格之外的税种，例如增值税和车辆购置税。价内税的特点是税收负担具有较强的隐蔽性，但易于产生税上加税的不合理现象，而且在市场经济条件下，价内税会导致价、税在调节经济的过程中相互掣肘，不利于合理价格的形成；而价外税则无上述问题，所以在国际上，对商品劳务课税多采用价外税的形式。

5. 其他分类

按税收的征收实体可分为实物税和货币税，按税收能否作为单独的征收对象可分为正税和附加税，按征税的着眼点不同可分为对人税和对物税，按税收的用途可分为一般税和目的税等。

二、 税收制度的构成要素

税收制度的核心是税法。税法由一些基本要素所组成。它主要包括纳税义务人、课税对象、税目、税率、纳税环节、纳税期限、税负调整、税额计算和违章处理等内容。其中，纳税义务人、课税对象和税率是税收课征制度或税法构成的最基本因素。

（一）纳税义务人

纳税义务人又称纳税人，是税法规定的直接负有纳税义务的单位和个人，它是缴纳税款的主体。纳税人包括自然人、法人和其他组织，在华的外国企业、组织、外籍人、无国籍人，以及在华虽然没有机构、场所但有来源于中国境内所得的外国企业或组织。所谓自然人，是指负有纳税义务的公民或居民个人；所谓法人，是指依法成立并能独立地行使法定权利和承担法律义务的社会组织。不论法人、自然人或其他组织，在国家税法规定范围内，都是法定纳税义务人，它直接同国家税务机关发生征纳关系，在无正当理由而不履行纳税义务时，将受到国家的法律制裁。

与纳税人相联系的概念有两个：一是负税人；二是扣缴义务人。

1. 负税人

负税人是指最终负担税款的单位和个人。它与纳税人有时是一致的，如在直接税条件下税负不能转嫁；有时是分离的，如在间接税条件下纳税人与负税人就是分离的。

2. 扣缴义务人

扣缴义务人是指税法规定的、在其经营活动中负有代扣代缴纳税人税款义务的单位和个人。税务机关按规定付给扣缴义务人代扣手续费；扣缴义务人必须按税法规定代扣税款，并按规定期限缴库，否则，要受到税收法律的制裁。实行扣缴义务人制度是为了实行源泉控制，保证国家的财政收入。

（二）课税对象

课税对象又称征税对象或课税客体，是指税法规定必须征税的客观对象，表明国家征税的标的物。课税对象是税收制度的首要因素，是征税的基础和根据。课税对象是一税种区别于其他税种的主要标志，即不同税种有其不同的征税对象。各税种名称的由来和税种性质的差别主要取决于不同的课税对象，例如：以财产为课税对象，即称为财产税；以营业额为课税对象，即称为营业税。课税对象体现不同税种征税的基本界限。

与课税对象相关的概念有计税依据、税源和税基等。

1. 计税依据

计税依据是指计算应纳税额所依据的标准，即根据什么来计算纳税人应缴纳的税额。一般来说有从价和从量两种，从价计征的税收以计税金额为计税依据，从量计征的税收以征税对象的重量、容积、体积、数量为计税依据。计税依据与征税对象有时不一致，如中国的消费税，其征税对象是税法列举的消费品，计税依据则是该消费品的销售额、销售数量。

2. 税源

税源是指税收的经济来源或最终出处。从理论上说，税源来源于当年创造的剩余产品，具体到每一税种，则各有各的经济来源，如个人所得税的税源就是个人所得，营业税的税源就是营业收入。就其与课税对象的关系来说，在内容上有些税种的课税对象与税源是一致的，如所得税的课税对象和税源都是纳税人的所得；有些税种则不然，如财产税的课税对象是纳税人的财产，而税源是纳税人的收入；在目的上，课税对象主要解决对什么征税的问题，而税源则表明课税对象的来源以及纳税人的负担能力。

3. 税基

税基是课税基础的简称，指建立某税种或税制的经济基础或依据。它不同于课税对象，如商品的课税对象是商品，但其税基则是厂家的销售收入或消费的货币支出。也不同于税源，税源总是以收入的形式存在，但税基既可能是收入，也可能是支出。

（三）税目

税目是税法中具体规定应当征收的项目，是课税对象的具体化，反映具体的征收范围。设置税目的目的有两个：一是明确规定了一个税种的征税范围，反映了该税种的征税广度，凡列为税目的为应税项目，否则为非税项目；二是对具体征税项目进行归类和界定，为不同税目设计差别税率提供方便。目前，世界各国确定税目通常采用两种基本方法：一是列举法；二是概括法。

1. 列举法

列举法即按具体商品或劳务类别分别设计税目，税目之下还可设子目，形成一个由不同层次子目和税目组成的税目体系，例如个人所得税、消费税。

2. 概括法

概括法即按商品大类或行业类别设计税目，这种方法适用于类别繁杂、界限不易划清的征税对象，例如增值税。

（四）税率

税率是应纳税额与课税对象之间的比例，通常用百分比来表示。它是计算税额的尺度，代表课税的深度，是体现税收政策的中心环节和核心要素。

各税种的职能作用，主要是通过税率来体现的。因此，税率是税收制度的核心和灵魂。税率通常有两种基本形式：一是按绝对量形式规定的固定征收额度，即定额税率，适用于从量计征的税种、税目；二是按相对量形式规定的征收比例，适用于从价计征的大部分税种、税目。

在实际运用中，税率主要有比例税率、累进税率和定额税率三种。

1. 比例税率

比例税率是指对同一征税对象，不论数额大小，均规定相同征收比例的税率；我国的增值税、消费税、营业税等采用的是比例税率。在各国的实际运用中，比例税率分为统一比例税率和差别比例税率。前者指一个税种，只设一个比例税率。后者指一个税种设立两个以上的比例税率。统一比例税率部分体现了横向公平，利于纳税人在同等纳税条件下竞争；但统一比例税率与纳税人的具体负担能力不完全适应，难以体现税负的纵向公平。在中国的现行税制中差别比例税率有四种形式：产品差别比例税率，即按产品分类或品种分别设计不同的比例税率；行业差别比例税率，即依国家企业政策和行业盈利水平的不同采用不同的比例税率；地区差别比例税率，即根据同一课税对象所处地区不同设计不同的比例税率；幅度差别比例税率，即在税法统一规定的税率幅度内，由地方政府自由选取适用税率。

2. 累进税率

累进税率是指同一征税对象，随税基（包括绝对量和相对量）的增大，征收比例随之升高的税率。它一般适用于对所得税的课征。累进税率按征税对象数额的大小，划分为若干等级或级距，每一等级或级距都规定有相应的税率，征税对象数额越大，税率越高。它的基本特点是：税收负担随课税对象数额增大而呈累进递增趋势，能较好地体现纳税人的税负水平与负税能力相适应的原则。累进税率适用于所得税征收。累进税率可分为"全额累进税率""超额累进税率""超率累进税率"和"超倍累进税率"四种形式。

3. 定额税率

定额税率又称固定税额，指按课税对象的计量单位直接规定应纳税额的税率形式。如资源税中对有色金属和盐的课税，直接规定每一单位税额为多少。定额税率具体又可分为地区差别定额税率、幅度定额税率和分级定额税率三种。

与税率相关的名词还有名义税率、实际税率、平均税率、边际税率和零税率。名义税率是指税法规定的税率；实际税率是名义税率的对称，指纳税人在一定时期内实际缴纳税额占其计税依据的比例，由于存在税收减免等原因，实际税率通常要低于名义税率。平均税率是指纳税人全部税额与征税对象总量之比；边际税率是指在征税对象的一定数量水平上，征税对象的增加导致的所纳税额的增量与征税对象的增量之间的比例；零税率是负税的一种方式，它表明课税对象的持有人虽负有纳税义务，但不须缴纳税款。

（五）纳税环节

纳税环节是指征税对象在商品流转过程中应当缴纳税款的具体环节。合理地确定纳税环节，不仅关系到税制结构的布局问题，而且对于控制税源，有利于纳税人及时足额地缴纳税款，便于征收管理和保证财政收入具有重要意义。按照征税对象从生产到消费的整个流转过程中纳税环节的多少，可分为"一次课征制""两次课征制"和"多次课征制"。

（六）纳税期限

纳税期限是指税法规定的纳税人发生纳税义务向国家缴纳税款的法定期限。税法对各种税都明确规定了税款的缴纳期限，纳税期限是税收固定性特征的重要体现，主要应考虑以下三个方面的情况：一是应根据国民经济各部门生产经营特点和不同的征税对象来确定；二是应根据纳税人缴纳税款的数额多少来确定；三是应根据纳税义务发生的特殊性和加强税收征管的要求来确定。从我国现行各税种来看，纳税期限分为按期纳税、按次纳税和按年计征、分期预缴三种。

（七）税负调整

纳税人负担的轻重，除了通过税率体现外，还可以通过其他措施来调整纳税人负担。从税负看，税率主要体现税负的统一性，而税负调整则是体现税负的灵活性。它具体包括税收减免和税收加征。

1. 税收减免

税收减免是根据国家政策对某些纳税人和征税对象给予减少或免除税负的一种特殊规

定。减税是对应征税款减征其中一部分，免税是对应征税款全部予以免征。它把税收的严肃性和必要的灵活性结合起来，使税收制度按照因地制宜和因事制宜的原则，更好地贯彻国家的税收政策。国家采取减税、免税措施主要是支持某些事业或某种行业，以促进其发展。

起征点和免征额是两种不同的减税方法。起征点是税法规定对课税对象开始征税的最低界限。征税对象数额达不到起征点的不征税，达到并超过起征点的按全额征税。免征额是税法规定的课税对象数额中免予征税的数额。在实行免征额时，纳税人可以从全部征税对象中首先扣除免征额，然后就其剩余部分按照规定的税率计算纳税。起征点和免征额有相同点也有不同点，相同点是当课税对象小于起征点和免征额时，都不予以征税。不同点是，采用起征点减税主要是为了照顾应税收入较少的纳税人，一旦达到起征点要全额征税；免征额是人人可以享受的优惠措施；纳税人只是超过免征额部分须征税，免征额有利于缩小征税面，实现合理负担，现行实践中，较多采用免征额。

减免税一般可分为以下几种：法定减免、特定减免和临时减免。法定减免，这是税收基本法中列举规定的减税、免税；特定减免，这是根据政治经济情况发展变化和贯彻税收政策的需要，专案规定的减免税；临时减免，这是法定减免和特定减免以外的其他临时性减税、免税，主要是照顾纳税人的某些特殊的、暂时的困难，临时批准的一些减税、免税。

减免税按计算公式可以分为税基式减免、税率式减免、税额式减免。税基式减免，即通过直接缩小税基的方式实现的减税免税，具体包括起征点、免征额、纳税扣除、税收豁免、亏损递补以及跨期结转等；税率式减免，即通过直接降低税率的方式实现的减税免税，具体包括减按低税率征税和实行零税率；税额式减免，即通过直接减少应纳税额的方式实现的减税免税，具体包括全部免税、减半征收、核定减征率等。在上述三种形式的减税免税中，税基式减免使用范围最广泛，从原则上说它适用于所有生产经营活动；税率式减免在商品和劳务税与所得税中运用较多；税额式减免适用范围最窄，它一般仅限于解决个别问题，往往只在特殊情况下使用。

2. 税收加征

税收加征属于加重纳税人负担的措施，具体指附加与加成。这是税率之外调整纳税人负担的措施。附加是地方附加的简称，是地方政府在正税以外，附加征收的一部分税额。税制上通常把按国家税法规定的税率征收的税款称为正税，而把正税以外征收的税款称为副税。例如，我国的城市维护建设税就是由地方财政在增值税、营业税等流转税的税收收入基础上，附加一定比例征收的。加成，是加成征税的简称，它是对特定纳税人的一种加税措施，加一成等于加正税税额的 10%。例如，我国个人所得税法中规定，劳务报酬所得，适用比例税率，税率为 20%。对于劳务报酬所得一次收入畸高的，可以实行加成征收。所得超过 2 万~5 万元的，按税法规定计算的税额，加征五成，即税率适用 30%；超过 5 万元的，加征十成，即税率为 40%，是原税率 20% 的加倍。

（八）税额的计算

应纳税额的基本计算公式为：

应纳税额 = 计税依据 × 适用税率

（九）违章处理

违章处理是对纳税人违反税法行为的一种惩罚性措施。我国税法规定，以下行为属违法行为，负有法律责任，应予以处理。

欠税是指从事经营的纳税人、扣缴义务人在规定期限内不缴或者少缴应纳或者应解缴的税款。

偷税是指纳税人采取伪造、变造、隐匿、擅自销毁账簿、记账凭证，在账簿上多列支出或者不列、少列收入，或者进行虚假的纳税申报手段，不缴或者少缴应纳税款的。

骗税是指企业事业单位和个人采取对所生产或者经营的商品假报出口等欺骗手段，骗取国家退税款。

抗税是指以暴力、威胁方法拒不缴纳税款的。

对以上违法行为，税务机关的主要措施除追缴税款外，还有加收滞纳金、罚款、罚没、税收保全措施、强制执行措施和提请司法机关处理等。

三、税收原则

税收原则是国家制定税收政策、建立税收制度应遵循的理论准则和行为规范。税收原则反映政府在一定时期、一定社会经济条件下的治税思想，随着客观条件的变化，税收原则也在发展变化。从自由竞争的资本主义时期，到现代社会主义经济建设时期，税收原则始终是制定税收政策、设计税收制度的重要准则。

西方较早提出古典税收原则，并提出了自己的独到、具体见解的，以威廉·配第、亚当·斯密和瓦格纳最为著名。

（一）威廉·配第的税收原则

威廉·配第（1623—1687）是英国古典政治经济学创始人和财政理论的先驱，在他的代表作《赋税论》和《政治算术》中，配第比较深入地探讨了税收问题，第一次提出了税收原则的理论。

配第的税收原则主要是围绕公平税收负担这一基本观点来论述的。他认为，过分征收赋税，会使国家资本的生产力相应地减少，是国家的损失。因而主张在国民经济的循环过程中把握住税收的经济效果。配第提出税收应当贯彻"公平""简便""节省"三条标准。"公平"是指税收要对任何人、任何东西"无偏袒"，税负不能过重且要适当；"简便"是指征税的手续不能太烦琐，方法要简明，应尽量给纳税人以便利；"节省"是指征税费用不能过多，应尽量注意节约。

（二）亚当·斯密的税收原则

西方财税理论认为，第一次将税收原则提到理论高度，明确而系统地加以阐述者是英国古典政治经济学家亚当·斯密（1723—1790）。斯密极力主张自由放任和自由竞争。他认为政府应减少干预经济，特别不要去干涉生产自由，要让价值规律这只"看不见的手"来自动调节经济和人们的活动，政府的职能仅限于维护社会秩序和国家的安全。在此思想指导下，斯密在其经济学名著《国民财富的性质和原因研究》中提出了税收的四项原则：

1. 平等原则

斯密认为："一国的国民，都须在可能的范围内，按照各自能力的比例，缴纳国赋，维持政府。一个大国的各个人必须缴纳政府费用，正如一个大地产的公共租地者须按照各自在该地产上所受益的比例提供它的管理费用一样。所谓的赋税的平等或不平等，就看对这种原则是尊重还是忽视。"① 斯密的平等原则包含三层意思：取消免税特权；税收"中立"；按负担能力征税。

2. 确实原则

确实原则是指国民应当缴纳的税收，必须明确地予以规定，不得随意变更。落实到具体，即对纳税时间、地点、手续、数额等国家都要事先规定清楚，使纳税人明白。斯密的实质是想说明征税要以法律为准绳，防止税吏任意专断征税、贪赃、勒索等行为发生。

3. 便利原则

各种税收的缴纳时间和缴纳方式等，都给纳税人以最大的便利。如纳税时间的选择上，在纳税人收入丰裕的时期，不使纳税人感到紧张；在征税方法的选择上，不使纳税人感到繁杂；在征收地点的选择上，应设在交通便利的场所；在征收形式的选择上，不使纳

---

① 亚当·斯密. 国民财富的性质和原因研究（下卷）[M]. 北京：商务印书馆，1997：384.

税人增加额外负担。

4. 经济原则

经济原则是指国家征税过程中要尽量节约开支，所征税收尽量归入国库，使国库收入与人民缴纳税收的差额最小，即征收费用最少。所耗用的费用应减少到最低限度。斯密认为，税制的制定应排除征用大批的税吏，以防耗去大部分税收作为薪俸，增加人民负担；同时也应排除税吏频繁的稽查，额外加征，抑制人民的劳动积极性等因素，这是贯彻经济原则的关键所在。

斯密的税收四原则是针对当时繁杂苛重的税制和征收机构腐败情况提出的，亚当·斯密的税收原则理论反映了资本主义自由经济时期资产阶级的思想和利益。他提出了平等原则和效率思想，成为资本主义国家制定税收制度所奉行的重要理论指导原则，对以后的税收原则理论研究起到了积极的作用。

（三）瓦格纳的税收原则

阿道夫·瓦格纳（1835—1927）是19世纪末德国新历史学派和社会政策学派的代表人物，他集前人税收原则理论的成果，进一步发展了税收原则理论。他的税收基本思想是，国家征税不应以满足财政需要为唯一目的，而应运用政府权力来解决分配不公等社会问题。他在其代表作《财政学》中提出了涉及财政政策、国民经济、社会公正、税务行政方面的税收原则，共分为四大项九小点。

1. 财政政策原则

财政政策原则又称财政收入原则，是指税收应为国家提供充足的财政收入，以保证国家财政支出的需要。瓦格纳认为税收的主要目的是为国家及其他公共团体筹集必要的经费，收入的来源必须充分和富有弹性，为此，他提出了收入充分和收入弹性两个具体原则。

（1）收入充分原则。即其他非税收入不能取得充分的财政收入时，税收必须充分满足国家财政的需要。瓦格纳提出的该原则的含义：一是税收是为了满足国家经费开支，这说明筹集国家财政收入是税收的基本目标；二是由于国家的职能将不断增加，势必导致财政支出的增长，税收必须随着财政支出的增长而以适当的方法增加。

（2）收入弹性原则。即税收收入能随着经济增长、财政支出增加或其他财政收入减少的变化情况进行适当的调整，相应地增加税收收入。

2. 国民经济原则

这一原则主要是指国家征税不能阻碍国民经济的发展，危及税源。在可能的范围内，应尽量有助于资本的形成，促进国民经济的发展。该原则具体从税源选择原则和税种选择原则着手。

（1）税源选择原则。即税源的选择必须适当，要有利于国民经济发展，税源应以国民所得为主，若以资本或资产为税源，则伤害税本，侵蚀国民经济的基础。但又不能以所得为唯一的税源，适当地选择某些资本或财产为税源也可以。

（2）税种选择原则。即税种的选择主要应考虑税收的最终负担者问题，尽可能选择税负不易转嫁或税负转嫁明确的税种。

3. 社会公平原则

社会公平原则又称社会公正原则、社会政策原则，是指税收负担应在个人和社会各阶层之间进行公平分配。瓦格纳认为，国家征税应当矫正社会财富分配不公和两极分化，从而达到缓和阶级矛盾，运用税收政策进行社会改良的目的。该原则具体分为普遍原则和公平原则。

（1）普遍原则。即对一切有收入的国民，都要普遍征税。即每一个公民都具有纳税的义务，不能因纳税人的身份、地位不同而有所例外，但从社会公平的观点出发，对所得较少的人少征或不征，这并不违背普遍征税的原则。

（2）公平原则。即国家应该根据纳税能力的大小征税，使纳税人的税收负担与其纳税能力相称。瓦格纳主张累进税制，高收入者税率从高，低收入者税率从低，贫困者不征税。同时，对继承的财产所得征重税，从而达到社会公平的目的。

4. 税务行政原则

税务行政原则是指税法的制定与实施都应当便于纳税人履行纳税义务。瓦格纳的这一原则体现了税收管理方面的要求，是对斯密税收三原则的继承和发展。税务行政原则从确实、便利、节省三方面考虑。

（1）确实原则，要求税收法令必须简明确定，税收机关对纳税的时间、地点、方式和数量也必须事先明确规定，使纳税人有章可循。

（2）便利原则，即要考虑给予纳税人简便的纳税手续，有利于纳税人缴纳税款。纳税的时间、地点、方式等要尽可能给纳税人便利。

（3）节省原则，征收管理费要力求节省，应减少纳税人因纳税而造成的直接负担或间接负担的费用。

与斯密的税收原则相比，瓦格纳的税收原则突出了国民经济，提出了累进税制，强调了效率损失，这是税收原则理论的一大发展。

（四）现代税收原则

了解了西方古典的税收原则，我们有必要继续了解现行的税收原则。从现代经济学理论来看，现代税收原则并非全盘否定古典的税收原则，它是结合凯恩斯主义和福利经济学的思想，基本是围绕着税收在现代经济活动中的职能作用来论述的，归纳起来主要是三大原则：一是税收公平原则；二是税收效率原则；三是稳定经济原则。

1. 税收公平原则

税收公平原则是指国家征税应使各个纳税人的税负与其负担能力相适应，并使纳税人之间的负担水平保持平衡。公平原则被公认为是税收的首要原则。

税收公平原则的分类如下。

（1）横向公平。所谓横向公平，是指经济能力相同的人应当缴纳数额相同的税收。即税制以同等方式对待条件相同的人，如果政府制定的税制能够不使纳税人之间的经济能力发生变化，则这一税制被认为是公平的。横向公平虽易为大家接受，但实践中却难以确定。其原因是，究竟如何判断纳税人具有"相同的"经济能力，需要有一个合理的衡量标准，即使有可供比较的标准，也难以判定纳税人得到了相同的税收待遇。

（2）纵向公平。所谓纵向公平，是指经济能力不同的人应缴纳数额不同的税收，即税制如何对待条件不同的人。纵向公平要比横向公平更为复杂，这是因为纵向公平不仅要判断纳税人的经济能力是否相同，而且还必须确定用某种尺度来衡量差别的多少。因而要做到纵向公平，须从三方面着手：一是从原则上判定谁应支付较多的税收；二是确定应税方法和税基；三是确定纳税人究竟应多付多少税收。判断一个人是否应比另一个人缴纳更多的税，一般可采用以下三个标准：有较高的纳税能力；有较强的经济能力；从政府那里获得收益较多。

税收公平原则的衡量标准包括以下两点。

（1）受益原则。根据纳税人从政府提供的公共物品中受益的多少，判定其应纳税的多少和税负是否公平，受益多者应多纳税，反之则反是。由于该说按照市场平等交换的观点，把纳税多少、税负是否公平同享受利益的多少结合起来，因此又称为"受益说"。受益说的确能够适用于公路使用的课税和社会保险方面，以及城市设施的建设，但是受益说不适用于大多数的公共产品，如国防、教育、社会治安方面。例如，一个拥有巨额财产而做事低调的富翁，他虽富有但不开设工厂等经营实体，他与社会交往不多，发生冲突的可能性小；而一个普通人为了生存而不得不在职场打拼、广泛地接触社会，后者与人发生冲突需要国家治安力量保护的概率要远远大于前者，怎么能够说在社会治安资源方面前者享受了比后者更多，而要求其承担比后者更重的税负呢？因此，受益原则不能很好地全面解释税收公平原则。

（2）能力原则。根据纳税人的纳税能力来确定纳税额度。纳税能力大的多纳税，纳税能力小的少纳税，无纳税能力的人不纳税。由于该说侧重于把纳税能力的强弱同纳税多少、税负是否公平结合起来，因此又称为"能力说"。这一原则补充了受益原则的局限性。

2. 税收效率原则

税收效率原则，就是以最小的费用获取最大的税收收入，并利用税收的经济调控作用最大限度地促进经济的发展，或者最大限度地减轻税收对经济发展的妨碍。税收效率原则是现代税收的又一大原则。

税收的效率通常有两层含义：一是税收的行政效率；二是税收的经济效率。

（1）税收行政效率

税收行政效率可以用税收成本率即税收的行政成本占税收收入的比率来反映，有效率就是要求以尽可能少的税收行政成本征收尽可能多的税收收入，即税收成本率越低越好。显然，税收行政成本，既包括政府为征税而花费的征收成本，也包括纳税人为纳税而耗费的缴纳成本，即西方所称的"奉行成本"。亚当·斯密和瓦格纳所称的"便利、节省"原则，实质上就是税收的行政效率原则。便利原则强调税制应使纳税人缴税方便，包括纳税的时间、方法、手续的简便易行。这无疑有利于节省缴纳成本，符合税收的行政效率要求。而节省原则，即亚当·斯密和瓦格纳所称的"最少征收费用原则"，它强调征税费用应尽可能少。亚当·斯密说得很清楚：一切赋税的征收，须使国民付出的，尽可能等于国家所收入的。这里的所谓费用，实际只限于政府的征收成本。需要指出的是，税收的征收成本和缴纳成本是密切相关的，有时甚至是可以相互转换的，一项税收政策的出台，可能有利于降低征收成本，但它可能是以纳税人缴纳成本的增加为代价的，或者相反。这说明，税收的行政效率要对征收成本和缴纳成本进行综合考虑，才有真正意义。

（2）税收的经济效率

税收的经济效率是指税收对资源配置和经济运行机制产生影响，使税收超额负担最小、超额收益最大。经济决定税收，税收又反作用于经济。税收分配必然对经济的运行和资源的配置产生影响，这是必然的客观规律。税收的经济效率要求精简、有效，尽可能地减少税收对社会经济的不良影响，或者最大限度地促进社会经济良性发展。税收的经济效率源于"帕累托效率"。帕累托为意大利经济学家，是福利经济学的代表人物。福利经济学采用所谓的帕累托最优标准来衡量资源的最优配置。

税收将社会资源从纳税人手中转移为国家财政的这一过程中，势必会对经济活动产生影响。若这种影响仅限于征税数额本身，那么，税收对经济的影响为正常影响；若这种影响干扰或阻碍了经济活动的正常进行，社会福利因此而下降，则产生了税收的超额负担；若经济活动因税收调节而得到促进与发展，社会福利因此而增加，则为税收的超额收益。税收的经济效率原则就是要使税收的超额负担最小和超额收益最大，使整个经济系统的资源配置达到帕累托最优。

在现实经济生活中，税收超额负担的发生通常是不可避免的，如何降低税收超额负担，以较小的税收成本换取较大的经济效率，便成为税收经济效率原则的重心。要提高税收经济效率，必须在有利于国民经济有效运转的前提下，一方面尽可能压低税收的征收数额，减少税收对资源配置的影响度；另一方面，尽可能保持税收对市场机制运行的中性，并在市场机制失灵时，将税收作为调节杠杆加以有效纠正。税收本身的效率原则是指税务行政管理方面的效率，检验税收本身效率的标准在于税务支出占税收收入的比重。

如何降低税收的超额负担，税收理论认为应尽可能保持税收对市场机制运行的"中性"。税收"中性"包含的意义在于：国家征税使社会付出的价款以税款为限，尽可能不给纳税人或社会带来额外损失或超额负担，尽可能减少税收对市场经济的扭曲性，特别不能使税收成为超越市场机制而成为资源配置的决定因素。

在实践中，完全保持税收中性是不可能的，政府只能尽量减少税收对市场经济正常运行的干扰，使市场机制在配置资源中发挥基础性的调节作用。在这个前提下，掌握好税收超额负担的量和度，使税收机制与市场机制二者取得最优的结合。

（3）公平与效率两难

税收的公平与效率历来是一对难解的矛盾，要强调公平就要牺牲效率，要强调效率就要牺牲公平。在过去的几十年里，我国政府希望通过税收来缓解社会收入分配不公的矛盾，在公平与效率的权衡上重前者而轻后者。1994 年税制改革一反过去的传统做法，将以累进税制为主的税率转变为近乎单一的比例税率，反映出政府以提高税收效率为主的意向。

税收的公平与效率是密切相关的，两者之间的内在联系主要表现在两个方面：第一，公平分配是提高效率的前提，因为只有重视劳动者的基本权利和利益，保持收入分配的合理性，才能激发劳动者的积极性，才能营造出社会再生产顺畅运行的社会环境；第二，效率是公平分配的基础，因为只有提高效率，做到投入少、产出多，整个社会经济效益大幅度提高，社会财富不断增加，才能使公平分配有一个强大的物质基础。

总之，税收的公平与效率是互相促进、互为条件的统一体。如果税收活动阻碍了经济发展，影响了国民收入的增长，尽管是公平的，也没有意义，而真正的公平首先必须融合效率要求，必须是有效率的公平，税收的公平与效率也不是绝对的，在某一时期是公平的、有效率的税制，到另一时期也会变成不公平或失去效率的税制。

只有同时兼顾公平与效率两个方面的税制才是合理的税制，任何采取牺牲公平实现效率或者是牺牲效率实现公平的极端做法都是不妥的。我国是一个发展中国家，从经济快速发展的需要来看，在长期内，我国应从三方面着手：一是运用先进科学方法管理税务，以节省管理费用；二是简化税制，使纳税人易于掌握，以压低执行费用；三是尽可能将执行费用转化为管理费用，以减少纳税人负担或费用分布的不公，增加税务支出的透明度途径，提高税收本身的效率，在效率优先的前提下，兼顾公平的原则。

3. 稳定经济原则

税收的稳定经济原则是指在经济发展的波动过程中，运用税收的经济杠杆作用，引导经济趋于稳定。具体来说，税收可以通过两个方面来达到经济稳定："内在稳定器"作用、"相机抉择"作用。

(1) "内在稳定器"作用

税收的"内在稳定器"作用，是指对经济活动的过度繁荣和衰退萧条做出自动反应，从而达到自动减轻经济波动的幅度的税收制度。这种理论在西方经济学中称"内在稳定器"。由于税收是国民经济的函数，在既定的国民收入下，税收增加会导致民间收入的边际消费倾向下降。而边际消费倾向的下降，意味着对国民经济过热产生一种抵消力量；反过来税收减少，其作用恰好相反。

税收的这种自动反应作用突出地表现在累进的所得税上。经济过度繁荣，通货膨胀时，由于所得税税基扩大和适用较高累进税率的税基扩大，税收收入的增加将超过国民收入的增加，产生抑制需求的效果。反之，当经济萧条时，所得税税基减少和适用较高税率的税基减少，就会使税收收入的减少幅度超过国民经济下降的幅度，则会抵消一部分因居民收入减少而导致的需求减少的消极效果。所得税累进程度越高，这种效应也越大。通过所得税与国民收入的函数关系，使税收随经济活动的变化而自动地发生增减变化，从而自动地调节国民收入水平，达到稳定经济的效果。

(2) "相机抉择"作用

税收的"相机抉择"作用，即政府根据不同时期的经济形势，运用税收政策，有意识地调整经济活动的水平，消除经济中的不稳定因素。相机抉择税收政策包括税收的增加、减少，或同时辅之以政府支出规模的增减。当总需求不足时，为了防止经济的衰退和停滞，就应当采取包括免税、退税、降低税率等减税办法，或扩大政府预算规模，以刺激总需求的增加。当总需求过旺，发生通货膨胀时，为了制止物价水平的进一步上升，就应当采取增税的办法，或缩小政府预算规模，以抑制经济的过热。

第二章　公共财政收入与支出

第一节　公共财政收入

一、财政收入的分类

财政从产生至今，已有几千年的历史，财政收入形式曾表现出多种多样。这不是由哪个社会制度的国家的政治行为或人们的主观意志决定的，而是由财政分配关系的性质及其发展变化决定的。

财政收入作为一种政府行为，可以从形式、构成和规模多个方面进行分析和研究。为了寻求增加我国财政收入的途径和加强对财政收入的管理，有必要对财政收入进行分类。

（一）按照财政收入的形式分类

财政收入的形式是指国家取得财政收入的具体方式。[①] 按照财政收入的形式分类，财政收入可分为税收收入、企业收入、债务收入、其他收入和专项收入五种形式，即通常所说的税、利、债、费和政府基金。其中，税、利、费和政府基金四个项目属于征集性的财政收入，是政府按照无偿性原则，通过财政法令和法规强制征缴而取得的永久性财政收入。债务收入是政府按照有偿性原则，通过借贷方式获取的财政收入。这五种财政收入的形式具有不同的经济性质。

1. 税收收入

税收收入是国家作为社会管理者，凭借政治权力，强制无偿地征集取得的财政收入。税收是各国财政收入的基本形式和主要来源。这是因为，税收的性质决定了它具有征收面广泛、收入及时的优点。

2. 国有资产收入

国有资产收入是指国家作为国有资产的所有者，凭借经济权力和资产所有权参与国有企业经营收入的分配而取得的财政收入，包括政府作为资产所有人，有权以投资者的身份

---

①李思泓. 财政与税收［M］. 哈尔滨：哈尔滨工程大学出版社，2011：13.

参与企业实现利润的分配，如上缴利润、租金、股息红利；也包括国有资产产权转让性的财政收入，一是国有资产通过出售、拍卖、兼并等方式进行产权转让获得的财政收入，二是国有资产和国有资源使用权转让取得的财政收入。

3. 债务收入

债务收入是政府作为债务人按照有偿性原则，通过借贷方式获取的财政收入。它的基本特征是偿还性、临时性。我国的债务收入主要包括政府向公民个人、企业单位、金融机构以借贷取得的财政收入，一般称为国内债务收入。政府从境外向外国政府、国际金融组织、国际金融市场及各种融资渠道取得的财政收入，一般称作国外债务收入。

4. 非税收入

公共收费是政府公共部门在向单位和个人提供各项服务时，向服务对象收取的费用。通常也称为行政事业收费。主要包括行政事业性收入、政府性基金、专项收入、罚没收入等。

5. 政府性基金收入

各级政府及其所属部门根据法律、行政法规和中央、国务院有关文件规定，为支持某项公共事业发展，向公民、法人和其他组织征收的具有专项用途的资金。目前已经设立的基金有很多项，较大的有铁路专项收入、公路建设基金、电力开发基金等。

除上述收入外，在财政工作实践中还存在其他一些零星杂项收入，如国有土地出让金、彩票公益金、罚没收入、基本建设收入、利息收入、捐赠收入、国家资源管理收入、外事服务收入等。

（二）按财政收入的管理方式分类

按财政收入的管理方式分类，财政收入可分为预算内财政收入和预算外财政收入。

1. 预算内收入

习惯上也称为国家预算收入，它是各级政府及其财政职能部门按照法定的程序和统一的计划，集中组织安排的财政收入。预算内收入是我国财政收入的主体部分。

2. 预算外收入

是指由地方政府、职能部门及其所属的行政事业单位等公共部门，按照财政和财务规章制度，提取的未纳入国家预算管理的各种财政资金。

这样分类有助于分析研究预算内和预算外财政资金的比例关系，了解财政收入管理和使用中存在的问题，据以采取有针对性的改革措施。

二、财政收入规模

（一）财政收入规模的衡量指标

财政收入的规模是指财政收入的总水平。财政收入规模有两种衡量方法：一是绝对规模，它是指在一定时期内（例如一个预算年度）各种财政收入的总量，它反映一国或一个地方政府在调控经济运行和影响社会发展方面经济实力的大小；二是相对规模，它是指一定时期的财政收入占 GDP 或国民收入的比重，它反映政府集中财力的能力。无论是绝对指标还是相对指标，如果从动态的角度进行考察，都会更加清楚地反映出财政与经济之间相互关系的变化。

（二）财政收入发展变化的一般趋势

财政收入规模的变化是有规律可循的。在正常的环境下，财政收入的绝对规模会随着财源的扩大而保持上升的势头。纵观世界上其他国家的情况，尽管各国的经济发展水平和财政职能大小会有所差别，有的差别可能还比较大，但绝对规模的增长趋势却是一致的。

与绝对规模的变化趋势不同，在正常的环境下，财政收入的相对规模应该呈现出大体平稳的状态。一旦财政收入的相对规模出现大起大落的走势，则说明财政本身或财政所依存的社会经济环境发生了大的变化。

（三）影响财政收入规模变化的因素

保证财政收入持续稳定增长是各国政府，尤其是赤字笼罩的国家一个主要的财政目标。但是政府的意愿并不能决定财政收入规模，财政收入的多与少要受到各种政治经济条件的制约，这些条件包括经济发展水平、生产技术水平、价格及收入分配体制等等。一般而言，各种影响因素的作用效果大多是综合性的，但我们也应该注意到，有些因素可能对绝对规模的影响更大一点，有些因素可能对相对规模的影响更大一点。

1. 经济发展水平对财政收入规模的制约

经济发展水平从总体上反映着一个国家社会产品的丰富程度和经济效益的高低，它对财政收入规模的影响是一个根本性因素，特别对财政收入的绝对规模来说是如此。因为财政收入来源于对社会产品的分配，在其他条件不变的前提下，财政收入会随着社会产品总量的增长而提高。

主要发达国家的财政收入规模基本上都高于发展中国家，而在发展中国家中，中等收入国家又大都高于低收入国家，绝对规模如此，相对规模也是如此。由此可见，财政收入规模与其所依赖的经济规模和发达程度存在着显著的正相关关系。

在经济发展中，技术水平的高低是一个内在的影响因素，一定的经济发展水平总是靠一定的技术水平来维系的。技术进步会带来生产速度的加快、新产品开发能力的加强和生产质量的提高，因此，GDP 的规模也不断扩大，财政分配的物质基础越来越丰富。其次，技术水平的进步，必然会带来产品中新增价值的比重提高得更快，整个社会的资源利用效率更高。由于公共财政收入主要建立在剩余产品价值的基础上，所以技术进步的幅度越大，对财政收入的贡献也越大。

2. 收入分配政策对财政收入规模的制约

收入分配政策是指一国政府采取的对收入再分配的政策。如果说经济增长决定了财政赖以存在的物质基础，并对财政收入规模形成了根本性约束的话，那么政府参与社会产品分配的政策倾向则进一步确定了财政收入的水平。在经济发展水平既定的前提下，GDP 由国家、企业、个人三者分配，收入分配政策对财政收入规模起到了制约作用。

我国的经济改革是一场经济利益关系的深刻变革。在计划经济时期，国有企业创造的利润要全部上缴政府财政。居民个人收入的工资，要完全依据政府管理部门确定的既定标准领取，单位没有任何变动的余地。国家将包括收入分配在内的社会经济运行过程基本上完全纳入计划管理的框架之内，1978 年之后，我国的经济改革率先在分配领域进行突破，分配政策的重心开始下移。通过减税让利，增强企业自身的经营能力，因此，新的分配政策实施的结果，必然是在国家财政、企业和个人之间重新分割 GDP 的份额。由于改革中的有序性控制不够到位，分配权的分散较为混乱，使脱离财政直接管理的预算外资金越来越多。这就是我们所看到的 1978 年到 1995 年前后，财政收入平均每年下降 1 个百分点的缘故。1994 年，国家进行了包括财政体制、税收体制在内的新一轮经济体制改革，此轮财政体制改革的一项重要任务就是要改变财政收入占 GDP 的比重过低、中央财政收入占财政收入比重过低的局面。这种改革的思路和成效正在逐步地显现出来。

3. 价格对财政收入规模的影响

在市场经济条件下，财政分配都是以价值形态进行的。流转税与价格直接挂钩，随着物价的上涨，流转税的税基相应扩大，从而使名义税收增加。财政收入都是以货币金额结算的。作为价值货币表现的价格如果发生变化，将会直接反映到财政收入的变化上来。

（1）税收制度导致价格影响财政收入。就个人所得税而言，物价的上涨一般会推动工资水平的相应提高，使更多的劳动者进入纳税的行列。个人所得税都对工资薪金实行累进征收，当工资水平增加后，税收应有所抬高，即扩大了税收分配的比例。在财政学理论中，人们通常将由于价格上涨而产生的实际财政收入增长的现象，称为"通货膨胀税"。

（2）价格变动影响财政收入名义增长和实际增长。零售物价指数上涨了，财政收入名义增长而实际并未增长。

4. 税收制度与征管水平对财政收入规模的影响

在经济增长水平、政府分配政策和价格水平等既定的前提下，税收制度的设计与税收征收管理的水平也对财政收入规模有较大影响。前面的各项因素只是为财政收入准备了潜在的源泉，而现实的收入能否实现应收尽收，最大限度地减少收入的流失，并做到保护财源、创造财源，规模如何还取决于具体的征收制度和征管成效。即税收收入的流失在世界各国都是一个普遍现象，差别只在于程度的不同，税收流失的问题与税收征管水平有着密切的关系。税收制度的某些缺陷以及税收征管的某些障碍也在客观上为税收的流失创造了条件，此外，20世纪90年代中后期以来，在财政体制改革进行的同时，我国对税收征管工作进行了大力改进，其成效十分显著。在每年连续增收的税金当中，直接来自加强税收征管效果的部分占有较高的比重。应该注意的是，随着税收征管制度的规范化和征管技术条件的不断成熟，税收征管因素对税收收入影响的弹性将会大大降低。

三、 财政收入结构

对财政收入结构的分析，可以从经济主体、所有制、行业部门和地区等不同角度进行。随着体制转轨和国民所得分布格局的改变，我国财政收入来源的主体结构、所有制结构、部门结构等都发生了重大的变化。

（一）财政收入的主体结构

所谓主体结构主要是指收入来源的个人和企业单位的构成状况。长期以来，我国的财政收入主要来自经营性的单位即企业的缴纳，居民个人承担的收入份额相当有限。

随着市场经济体系的形成，无论是从财力分布状况上考虑，还是从公平分配等财政职能的要求出发，我国都需要调整这一格局，合理开拓适应于个人的财政收入渠道，拓展个人国债市场，加大居民个人所承担的财政收入的比重，逐渐改变财政收入主要依赖企业的主体结构状况。改变财政收入主体结构，已成为建立适应市场经济体制的财政收入制度的重要内容，也成为进一步提高财政收入量的潜力所在。这一转变的理由主要在于：

一是在成熟的市场经济国家，居民个人是财政收入的主要负担者。为了激励企业进行投资和经营，一般不主张以企业实体为财政收入的主要征集对象。

二是我国居民个人所得的分布状态已经发生了根本性的变化。个人的收入形式和渠道增加，收入总体水平上升，收入的差距在加大，个人收入形成的机制基本市场化。

目前，民间持有的资金量巨大，为政府加大对高收入群体财政征收的力度提供了经济条件。同时，市场运行中收入分配不公平等缺陷充分显露，需要财政收入制度加以缓和与调整。增强对个人收入，尤其是高收入群体的税收征管，既有利于提高财政收入，又有利于体现财政公平分配的职能。

（二）财政收入的所有制结构

在以企业为主导的收入主体结构状况下，受社会经济结构的影响，我国的财政收入主要来源于公有制经济。其中，全民所有制国有企业提供的财政收入占据绝对的优势。这一状况随着经济结构的转变而发生了根本的变化：一方面，国有经济提供的财政收入比重逐步地降低，这种降低集中发生在体现所有权权益的国有企业上缴利润的减少；另一方面，伴随着经济形式的多元化和非公有制经济的增长，由非公有制经济主体缴纳的财政收入份额有了大幅度的上升。

随着市场经济体系的完善，各种经济形式财政负担量的公平和均衡，我国财政收入的所有制结构将会进一步改善。

（三）财政收入的部门结构

受国民经济各部门的发展规模、增长速度和经济效益差别的影响，也由于政府分配政策和市场价格方面的原因，我国不同部门在财政收入中的地位不尽相同。

1. 第一产业——农业

农业作为国民经济的基础，一直被认为是财政收入的基础。

仅从农业税一项考察，我国农业提供的财政收入相当有限，占预算内收入的比重不到3%，这与低负担政策有关。我国从 2006 年起，全面取消农业税，来自农业的财政收入几乎没有，但农业提供原料给工业形成工业财政收入的来源，对下年度财政收入的影响较大。

2. 第二产业——工业和建筑业

第二产业是国民经济的主导，它是我国财政收入的主要来源。随着产业结构的调整，工业和建筑业对财政收入的垄断地位已被打破，所占比重虽有所下降，但仍是财政收入的龙头。

3. 第三产业——除农业、工业和建筑业以外的其他部门

目前，我国源于第三产业的财政收入比重稳步上升，这一状况在沿海经济发达地区特别突出，部分经济发达地区的财政收入部门结构已呈现出中等发达国家的特征。

随着我国产业结构的完善，这种趋势还会进一步增强。

四、财政收入原则

国民经济各产业部门创造和实现的国民收入，分散在各企业、部门和单位。组织财政收入的过程，实质是财政参与国民收入分配再分配的过程，直接涉及国家与各部门、企业、单位和个人的物质利益关系。

因此，为了正确体现国家的分配政策，处理好分配关系，应该遵守以下原则。

（一）利益兼顾原则

筹集财政收入应兼顾和处理好国家与各方面的物质利益关系。这种关系处理得当，有利于国民经济和各项事业的发展以及社会的安定；如果处理不当，则会阻碍和限制国民经济和各项事业的发展，不利于社会安定。所以，在组织财政收入的过程中，必须贯彻兼顾国家、企业、行政、事业单位和城乡居民各方面物质利益的原则。

（二）发展经济开辟财源原则

从发展经济中寻求财源、增加收入是一条重要原则。只有经济发展了，才能从根本上增加财政收入。因此，在制定财政收入政策、设置税种和确定税率时都应着眼于促进经济发展，不能贪图一时增收而采取打击生产经营者生产积极性的办法。

（三）正确处理筹集收入和发挥经济杠杆功能原则

财政诸范畴，如税收、公债、补贴等各具独特的经济杠杆功能，国家在制订收入计划、决定财政收入政策、筹集收入时，不应只考虑在短期内如何增收，而应充分发挥财政诸范畴的经济杠杆作用，促进经济持续、快速、健康发展，为增加财政收入提供更稳固的来源。

（四）区别对待、合理（公平）负担原则

区别对待主要表现在：一是各地区政治（如实行民族自治地区、革命老根据地等）、经济情况（经济发达或落后、资源贫富程度、交通条件差异等）不同，应实行不同的收入政策，采取不同的征收比例；二是贯彻国家有关政策，对不同的产业实行不同的税收征收管理制度，采取不同的税收征收比例，以扶持或限制某些产业的发展。

合理（公平）负担是国家在财政上处理同纳税人（法人、自然人）关系的重要原则。它的宗旨是量力负担，即根据不同的收入实行不同的税收负担比率。不论法人、自然人，收入多的多缴税，收入少的少缴税或不缴税。

第二节　公共财政支出

一、财政支出的概念

市场只适用于提供私人产品和服务，对提供公共产品是失效的，而政府的首要职责恰恰是弥补市场失效、为社会提供公共产品。政府为提供公共产品所发生的各种费用就表现为财政支出。

财政支出，又称为预算支出，是指国家为实现其各种职能，由财政部门按照预算计划，以各级政府的事权范围为依据所进行的财政资金的分配活动，集中反映了政府的职能范围以及所发生的耗费。[①]

财政支出要解决的是由国家支配的那部分社会财富的价值如何安排使用的问题。财政支出是政府施政行为选择的反映，体现了政府政策的意图，代表着政府活动的方向和范围，是政府重要的宏观经济调控手段。通过财政支出，能够为国家政权建设提供物质基础，能够直接或间接地对资源进行配置，弥补市场机制的不足，实现资源的合理配置，促进国民经济持续、稳定、健康地发展。

二、财政支出的范围

公共财政支出是政府活动的一个重要方面，其作为重要的宏观经济调控手段在社会经济发展中起着重要的作用。在社会主义市场经济条件下，市场是资源的主要配置者，起着基础作用，政府只能在资源的配置中起补充和校正作用，只有在市场无法解决或市场虽能解决但解决不好的领域，政府的介入才是必要的，即政府活动的范围主要在满足社会公共需要的领域。根据我国的具体国情，我国的财政支出涉及以下四个领域。

（一）政权建设领域

政权建设领域主要包括各级国家机关、政党组织、政协常设机构及部分人民团体等部门。各级国家机关是指国家权力机关、国家行政机关、国家审判机关和国家检察机关，以及武装警察部队等部门，它们是国家机器的基本组成部分，发挥着从事社会管理、保证国家安全等重要职能，财政必须保证其合理的资金需要。另外，按照我国政治制度依法成立

---

①李品芳，周华. 公共财政与税收［M］. 上海：上海财经大学出版社，2011：173.

的政党组织、政协常设机构及部分人民团体等部门，它们发挥着参政议政的作用，财政也应保证其合理的资金需要。

（二）公益性事业发展领域

我国公益性事业发展领域可划分为三种类型。

1. 提供纯公共产品的事业领域

提供纯公共产品的事业领域，如九年制义务教育、公共卫生防疫、基础研究、公共图书馆和博物馆、文物保护等单位，个人通常不愿承担或无力承担，必须由政府出面负责承担，因此财政必须保证其经费的合理需要。

2. 提供准公共产品的事业领域

提供准公共产品的事业领域，如高等学校、医疗机构、应用基础研究等单位，它们提供的产品或劳务虽可通过向消费者收费取得一定的补偿，但由于其提供的产品或劳务也有一定公共产品的性质，对这类单位财政可以对其补助一部分经费。

3. 提供私人产品的事业领域

提供私人产品的事业领域，如职业技术学校、函授学校、技术开发型科研单位、出版社、杂志社、一般性的艺术表演等团体，它们提供的产品或劳务具有竞争性和排他性，可以通过为社会提供服务取得相应的收入来补偿其发生的耗费，因此，财政无须为其提供资金，由市场进行调节。

（三）再分配转移支付领域

财政的职能之一就是促进社会公平分配，对社会保障提供资金支持是公共财政的主要活动领域。财政在再分配转移支付领域发挥作用主要从两方面着手：一是提高收入分配的公平程度，如规定城市居民最低收入保证水平，对丧失工作能力者、无职业收入者提供基本生活保障等；二是由国家统一立法，实行各种社会保险、社会福利救济、对欠发达地区的转移支付等措施。

（四）公共投资支出领域

财政应介入对国民经济有重大影响的非经营性和非竞争性领域的投资，主要包括以下方面：对公共设施、基础设施等非营利性领域进行投资，如港口、码头、桥梁、农业水利建设等；对自然垄断领域进行投资，如铁路、航空、邮政、自来水等基础产业和城市公用事业；对高新技术领域进行投资，如重大的技术先导产业（航天、新能源、新材料）等；

对农业进行扶持，特别是按照"绿箱补贴"政策实施对农业的补贴，进一步加大对农业科技成果的推广和应用，扶持农业公益性事业的发展。

三、 财政支出的分类

随着我国经济的快速增长，全国财政支出的数量越来越多。为了合理有效地使用财政资金、加强对财政资金的管理和监督，对财政资金进行科学合理的分类，可以更加全面、准确和科学地把握财政支出的发展变化规律。

（一）按国家职能分类

财政支出反映了政府的职能范围、财政支出结构，和政府职能存在着密切的对应关系。政府职能一般分为经济管理职能和社会管理职能，那么财政支出也可分为经济管理支出和社会管理支出。经济管理支出主要包括经济建设支出；社会管理支出主要包括社会文教支出、国防支出、行政管理支出和其他支出四大类。

1. 经济建设支出

经济建设支出包括基本建设支出，国有企业挖潜改造资金，科技三项费用（新产品试制费、中间试验费、重要科学研究补助费），简易建筑费支出，地质勘探费，增拨国有企业流动资金，支援农业生产支出，工业、交通、商业等部门的事业费支出，城市维护费支出，国家物资储备支出，城镇青年就业经费支出，抚恤和社会福利救济费支出等。

2. 社会文教支出

社会文教支出包括用于文化、教育、科学、卫生、出版、通信、广播、文物、体育、地震、海洋、计划生育等方面的经费、研究费和补助费等。

3. 国防支出

国防支出包括各种武器和军事设备支出、军事人员给养支出、有关军事的科研支出、对外军事援助支出、民兵建设事业费支出、用于实行兵役制的武装警察部队的各种经费支出、防空经费等。

4. 行政管理支出

行政管理支出包括用于国家行政机关、事业单位、公安机关、司法机关、检察机关、驻外机构的各种经费、业务费、干部培训费等。

5. 其他支出

其他支出包括国家财政用于社会保障的支出、财政补贴和对外援助支出等。

通过按国家职能对财政支出进行分类，就能够清楚地揭示国家执行了哪些职能又侧重于哪些职能。长期以来，我国经济建设支出是最大的财政支出项目，但随着我国市场经济体制的不断完善，我国的经济建设支出所占比重呈现不断下降趋势，而社会文教支出、行政管理支出和其他支出一直在稳定上升。由此，我们可以看到，我国政府的职能正在由经济管理职能向社会管理职能进行转变。

（二）按经济性质分类

财政支出按经济性质分类，可以分为购买性支出和转移性支出。

1. 购买性支出

购买性支出，又称消耗性支出，是指政府按照等价交换原则购买为实现国家各种职能所需的商品和劳务的支出。它主要包括行政管理费、国防费、社会文教费、各项事业费和基本建设拨款等。

购买性支出的特点是：

（1）等价有偿性。政府如同企业和个人等其他市场经济主体一样，在购买性支出中从事的是等价交换的市场活动，付出资金，要求相应地取得商品和服务。

（2）对经济的影响具有直接性。在购买性支出活动中，政府作为商品和服务的需求者，通过购买活动与微观经济主体进行交易，通过增加当期的社会购买力，直接影响社会生产、就业和社会总需求。

2. 转移性支出

转移性支出，是指财政对居民个人和非公共企业提供的无偿资金支付。在财政科目上，转移性支出主要包括社会保障支出、财政补贴、税式支出、捐赠支出和债务利息支出等项目。

转移性支出的主要特点是：

（1）无偿性。政府在将财政资金转移给居民和其他受益者时，并不直接获得相应的商品和劳务等经济补偿，是价值的单方面转移，这种转移更有利于国民收入分配的公平化和合理化。

（2）对经济影响具有间接性。从财政支出对资源配置的影响看，转移性支出并不直接形成新的社会产品价值，仅仅是重新调整了市场经济中形成的收入分配格局，因此，转移性支出对经济的影响是间接的。

（三）按财政支出用途分类

财政支出按用途分类，可分为公共部门的消费性支出、公共部门投资、补贴支出、经常拨款、资本转移支出、债务利息支出、对私营部门及国外的贷款。

1. 公共部门的消费性支出

公共部门的消费性支出即各级政府按现行市场价格购买商品和劳务的支出，包括工资、薪金、公共部门雇员的医疗费用等，在整个财政支出中占有很大的份额。

2. 公共部门投资

公共部门投资指各级政府用于土地、建筑物、车辆、工厂及设备等固定资产的支出。

3. 补贴支出

补贴支出主要包括各级政府无偿给予公共企业和私营企业的补助性支出，这种支出一般通过弥补亏损、提供补助的方式进行，以达到某种政策性的目的。

4. 经常拨款

经常拨款指政府给予个人款项的拨付，主要包括养老金、失业救济金和贫困救助等社会保险及社会福利性支出，给予外国的开发性援助也往往包括在此类支出中。

5. 资本转移支出

资本转移支出指中央和地方政府给予国内及国外私营部门的无偿投资性支出。

6. 对私营部门及国外的贷款

对私营部门及国外的贷款包括本国政府对国内私营部门和外国各种机构的商业性贷款。

公共部门的消费性支出和公共部门投资两项，表明政府对社会经济资源的占用和耗费；补贴支出、经常拨款、资本转移支出和债务利息支出四项，表明了政府的转移性资金支付；对私营部门及国外的贷款，反映了政府的金融中介作用。

（四）按国际货币基金组织标准分类

按国际货币基金组织最新政府公共财政统计标准，政府财政支出可分按职能分类法和经济分类法。

1. 按职能分类

按职能分类，财政支出包括一般公共服务、国防、公共秩序和安全、经济事务、环境保护、住房和社会福利设施、医疗保障、娱乐、文化和宗教、教育和社会保护等支出。

2. 按经济分类

按经济分类，财政支出包括经常性支出、资本性支出和贷款。经常性支出是维持公共部门正常运转或保障人们基本生活所必需的支出，主要包括人员经费、公用经费及社会保障支出。资本性支出是用于购买或生产使用年限在 1 年以上的耐用品所需的支出，其中有用于建筑厂房、购买机械设备、修建铁路和公路等生产性支出，也有用于建筑办公楼和购买汽车、复印机等办公用品等非生产性支出。目前，我国按费用类别分类法与国际货币基金组织的职能分类法比较接近。

四、 财政支出的规模分析

（一）财政支出规模的含义

财政支出是社会总资源配置的有机组成部分，支出规模是否恰当，不仅直接影响着政府职能是否能实现，而且影响着社会资源配置的优化程度，以及社会再生产能否持续、稳定地发展。因此，我们研究财政支出，还必须对财政支出的规模加以研究。

财政支出规模是一定财政年度内政府安排的财政支出的总额。作为考察政府活动规模和满足公共需要能力的重要指标，它反映了政府在一定时期内集中支配使用的社会资源量。财政支出规模有广义和狭义之分，狭义的财政支出规模是指政府预算中财政支出的规模；广义的财政支出规模是指政府安排的所有财政支出，包括预算内和预算外支出。在大多数国家，政府支出都必须列入预算管理。

（二）衡量财政支出规模的指标

衡量财政支出规模的指标通常包含绝对指标和相对指标。

1. 绝对指标

绝对指标是指以一国货币单位表示的财政支出的实际数额。绝对指标的优点在于它能直观地反映某一财政年度内政府支配的社会资源的总量。但它也有明显的缺点：第一，难以反映政府支配的社会资源在社会资源总量中所占的比重，因此也难以反映政府在整个社会经济发展中的地位；第二，绝对指标是以本国货币为单位，不便于进行国际比较；第三，以现价反映财政支出的数额，没有考虑通货膨胀因素对支出总量的影响，因而所反映的只是名义上的财政支出规模，与以前年度，特别是在币值变化比较大的年份的财政支出绝对额缺少可比性。

2. 相对指标

相对指标是指财政支出占 GDP（或 GNP）的比重。利用相对指标的优点在于：一是指标反映了一定时期内在全社会创造的财富中由政府直接支配和使用的数额，可以全面衡量政府经济活动在整个国民经济活动中的重要性；二是便于国际的比较；三是通过计算财政支出占 GDP 的比重来衡量财政支出规模，剔除了通货膨胀因素的影响，反映的是财政支出的实际规模，与以前年度的财政支出规模进行比较也具有可比性。

两种指标各有所长，各有所短。在人们研究、分析财政支出规模时，通常用相对指标作为衡量财政支出规模的主要指标。

（三）衡量财政支出增长的指标

衡量财政支出增长的指标也可以分为绝对量指标和相对量指标。

1. 绝对量指标

财政支出规模的绝对量指标是指以一国货币单位表示的、预算年度内政府实际安排和使用的财政资金的数量总额。尽管它可以直观地反映某一财政年度内政府支配的社会资源总量，但难以反映政府支配的社会资源在社会资源总量中所占的比重，因而不能充分反映政府在整个社会经济发展中的地位。由于绝对量指标是以本国货币为单位，而且不同国家的经济发展水平存在明显差异，故不便于进行国际的横向比较。绝对量指标是以现价反映的名义财政支出规模，与以前年度特别是物价水平变化较大年度的支出绝对额缺少可比性，故不便于支出规模的纵向分析。

2. 相对量指标

财政支出规模的相对量指标是指预算年度内政府实际安排和使用的财政资金的数量占相关经济总量指标（如国民生产总值、国内生产总值、国民收入等）的比率。利用相对量指标，一方面，可以用作不同国家支出规模的横向比较，也可用作一国不同经济发展时期支出规模的纵向分析；另一方面，它反映了一定时期内全社会创造的财富中由政府直接支配和使用的数额，也反映了财政支出与宏观经济运行以及国民收入分配的相互关联、相互制约的关系。通过该指标，可以全面衡量政府经济活动在整个国民经济活动中的地位及重要性。

目前，世界各国主要采用政府支出占 GDP（或 GNP）的比重，以及财政支出边际系数和财政支出弹性系数等指标来衡量财政支出规模及其变化情况。

财政支出的边际系数，即国民（内）生产总值的增加额中用于财政支出部分所占份额的大小。用公式表示为：

财政支出边际系数 = 年度财政支出增加额/国民（内）生产总值的增加额 × 100%

财政支出的弹性系数，是指由国民（内）生产总值的增长所引起的财政支出增长幅度的大小，亦即财政支出增长对国民（内）生产总值的敏感程度。用公式表示为：

财政支出弹性 = 财政支出增长率/国民生产总值增长率

如果财政支出弹性系数大于 1，说明财政支出增长幅度大于国民生产总值的增长幅度；

如果财政支出弹性系数小于1，说明财政支出增长幅度小于国民生产总值的增长幅度；如果财政支出弹性系数等于1，说明财政支出与国民生产总值处于同步增长状态。

（四）财政支出规模的影响因素

一定时期财政支出规模的变动，涉及多种复杂因素，通常与当时的政治经济条件和国家的方针政策密切相关。

1. 经济因素

一般来说，一定时期政府的支出规模在很大程度上要受其收入规模的制约，经济发展水平的提高引起财政收入的增长，财政收入增长为财政支出的增长提供了可能性。

第一，随着经济的发展，社会所创造的财富中，人们维持基本生活需要的部分在社会财富中所占比重下降，这为政府集中更多的社会财富用于满足社会公共需要提供了可能性，即随着经济发展不断发展，使一国的税基不断扩大，财政收入随之增加，为财政支出规模的不断扩大提供了可能。

第二，目前许多国家的主体税种是所得税，一般所得税具有累进性，因此在其他条件保持不变的情况下，政府通过税收取得的财政收入增长具有累进性，即政府财政收入的增长速度要快于经济发展增长速度，也使财政支出规模不断扩大成为可能。

第三，经济发展和社会财富的增加，使得私人财富日益增多，为政府通过发行公债等方式筹资进而扩大财政支出提供了可能。

2. 政治因素

政治因素对财政支出规模的影响主要体现在以下三个方面：

第一，政府的职能范围。财政分配主要是围绕政府职能的实现来进行的，即政府职能范围决定了政府活动的范围和方向，也因此决定了财政支出的范围和规模。随着社会的发展和人民生活水平的提高，社会对公共产品的要求越来越多，对其质量要求也越来越高。公共产品的社会需求不断提高，从而使政府提供的公共产品的范围扩大，又进一步推动了财政支出规模的不断增长。

第二，国际国内政治环境。国防费用是用来抵御外来侵略、保卫国家主权和社会安定的。当一国政局不稳定，出现内乱或外部冲突等突发性事件时，对国防支出、国家安全支出、武装经费、治安经费和社会管理费用等影响很大，这必然会使财政支出的规模超乎寻常的扩大。

第三，政府工作的效率。若政府工作效率高，则设置较少的政府职能机构就能完成政府职能，用较少的支出就能办较多的事，因而财政支出的规模就相对会小；若政府工作效率低，则一国的行政机构臃肿，人浮于事，效率低下，经费开支必然增多。我国的行政管理支出长期居高不下，行政效率问题一直得不到有效解决是关键所在。因此，我国的政治体制改革任重而道远。

3. 人口规模

人口规模是影响财政支出增长的一个重要原因。随着人口的增长，相应地社会对文化、教育、医疗卫生、社会保障服务、公共基础设施，以及国家行政管理、司法、治安等方面的社会公共需要也必然增加。如果政府为保证向公众提供的公共服务水平不变，那么支出规模必然会因人口规模增加而扩大财政支出规模。特别是像我国这样的发展中的人口大国，随着人口老龄化问题的不断凸现，政府用于社会福利方面的开支越来越大，导致财政支出规模增大。

五、 财政支出的原则

财政支出是财政分配的重要环节，其支出规模是否合理、结构是否平衡、支出效益如何等问题，直接影响政府各项职能的履行。为保证财政资金的合理分配与有效使用，我国在安排和组织财政支出时应遵循以下原则：

（一）量入为出原则

量入为出，是指在财政收入总额既定的前提下，按照财政收入的规模确定财政支出的规模，支出总量不能超过收入总量。这是由物质总量平衡的客观要求决定的。财政收入代表着可供财政支配的商品物资量，财政支出则形成对商品物资的购买力。只有坚持量入为出的原则，才能保证财政支出形成的购买力与可供财政支配的商品物资之间形成平衡。具体来说，在进行预算安排时，根据财力的可能，区分轻重缓急，有计划地安排力所能及的事情，根据收入增长安排支出增长，把支出增长的总量控制在收入增长的总量范围之内，并在预算中留有适当的后备。

（二）统筹兼顾，合理安排

正确处理积累性支出与消费性支出、生产性支出与非生产性支出、简单再生产与扩大再生产、不同地区的投资及其比例关系，实现财政支出结构的最优组合，以促进国民经济的协调、均衡、可持续发展。通过财政支出的合理安排，引导全社会资金、技术、人才、劳动力的流向，实现全国生产力的合理布局服务。

（三）公平与效率原则

在财政支出过程中，实现公平与效率的统一，是政府要努力实现的重要目标之一。财政支出的公平原则，是指财政支出应能够有助于社会公平的实现，提高社会大多数人的福利水平。在市场经济条件下，财富的分配取决于每个分配主体所拥有的财产所有权和财富积累，而收入的分配则取决于劳动天赋能力的不同、接受教育程度的差别所导致的劳动技能的市场价格。如果单纯依赖市场，则不可避免地会出现贫者愈贫、富者愈富的"马太效应"，从社会稳定角度出发，就要求进行社会的再分配，实现社会的相对公平。财政支出的效率原则，是指财政支出应能够有助于资源的配置，促进经济效率的提高。由于市场存在失灵现象，使得市场不能有效提供全社会所需要的公共产品和劳务，因此要求政府以其权威来对资源配置加以调节和管理。公平分配是提高效率的前提，效率是公平分配的归宿。

第三章 公共财政风险评估

第一节 公共财政宏观风险评估

一、 对公共财政宏观风险的认识

（一）公共财政宏观风险的含义

公共财政宏观风险是指宏观财政政策产生的风险。宏观财政政策是指调节总需求的政策。[①]

宏观财政政策是治理经济波动的手段。一般说来，经济波动本身就是风险的表现形式。但公共财政宏观风险并不是指经济不稳定本身的风险，而是指治理经济波动的财政政策本身可能产生的风险。这似乎是个复合函数，经济波动的风险需要运用财政政策去解决，而在运用财政政策的过程中自身可能产生风险。

（二）公共财政宏观风险的原因

公共财政宏观风险的原因和公共财政宏观政策目标以及作用机制有关。

宏观财政政策最明显的现象形态是公共财政收支不平衡，也即通常所说的公共预算不平衡。刺激总需求通常采用赤字财政政策。这就是说大量的公共预算支出是通过负债来完成的，隐含了风险的可能性。

为什么赤字财政可以刺激总需求？需要两个必要条件：一是社会产出远低于潜在生产能力；二是公共预算支出对于潜在生产能力的发挥是有帮助的。

公共财政的负债支出资金来源于企业和家户，形式上政府多支出一些，企业和家户就要少支出一些，怎么会提高社会总需求呢？这是因为公共财政的预算乘数大于企业和家户的预算乘数。这样，社会总需求就被提高了。如果社会存在巨大的潜在生产能力未被发掘，而且赤字财政的支出是有效率的，那么就不会有通货膨胀的风险。这也隐含了如下风险：如果赤字规模过大，公共财政支出无效率，那么就会产生风险。

[①]吴俊培．我国公共财政风险评估及其防范对策研究［M］．北京：经济科学出版社，2017：42.

第二次世界大战以后，西方国家都信奉凯恩斯主义，也确实使各国获得了飞速的发展。因此，当 1969 年出现世界性"滞胀"危机后把原因归结为赤字财政政策就不足为奇了。这就是说赤字财政政策导致了新的宏观经济波动形式。新西兰经济学家菲利普斯提出著名的"菲利普斯曲线"，即失业和通货膨胀之间存在替代关系。

由于现代经济情况的复杂性，财政宏观调控通常采用结构性的调节方式。例如，里根经济学在治理"滞胀"时，就采用结构性调节的方式。一方面降低边际税率，实际上是有利于富人的政策，他认为有利于激励投资，促进经济增长；另一方面削减社会福利，他认为有利于激励就业。这种结构性的调节政策在里根执政时期（20 世纪 80 年代）很有成效。这说明，现代的宏观调控取决于政治家对经济形势和主要矛盾的判断，如果调控目标和调控手段不适当就会产生风险。

（三）公共财政宏观风险的表现形式

1. 公共财政债务规模风险

财政赤字是宏观调控的手段，但自身可能产生债务风险。

债务风险的另一个指标是债务趋势，即国债余额和财政赤字有不断增长的趋势，则表明风险在加大。

2. 财政宏观政策的挤出效应风险

所谓财政挤出效应风险是指由于赤字数额巨大，政府公共财政投资挤出了市场经济部门的投资，从而使效率下降，弱化财政宏观效应。这就是说，债务支出规模过大，对于市场效率的影响是不利的。

3. 财政宏观政策的通货膨胀风险

公共财政债务支出推动经济增长的主要动力是需求。实际上，赤字财政政策会导致流通中的货币量增加。只有当经济实际增长吸纳增加的货币量时，宏观经济才处于稳定的状态。如果经济增长超过潜在生产能力，就会发生通货膨胀的风险。

4. 财政宏观政策的失业风险

如果赤字财政支出反而导致失业率上升，那么就是公共财政宏观风险的又一表现形式。政府大量的债务支出主要用于基础设施，只有基础设施带动实体经济的发展才能真正提高就业水平。因此，如果失业率出现上升趋势，意味着公共财政出现了宏观风险。

5. 财政宏观政策的收入分配不公风险

收入分配不公是个非常复杂的问题，既有市场经济的原因，也有公共经济的原因。对于市场经济来说，垄断是收入分配不公的重要原因。对于公共经济来说，税收的非中性和预算的非中性是收入分配不公的重要原因。如果财政宏观政策强化了收入分配不公的因素，那么就是公共财政宏观风险的表现形式。

6. 财政宏观政策的效率损失风险

经济学要解决三大问题：效率、公平和稳定。但三者之间统一的理论并没有被建立起来。因此，财政政策在解决经济稳定问题时，就可能影响效率和公平；在效率和公平问题的处理上也有可能影响效率。这就是效率损失风险的实质。

宏观政策是相机抉择的政策，应该说是个短期政策，过度依赖宏观政策有可能损害市场经济的效率。

7. 财政宏观政策的经济波动风险

财政宏观政策本身是为了解决经济波动问题的。但由于经济情况异常复杂，有可能导致新的不稳定。如果一个经济体过分依赖宏观调控，就会使微观经济失去稳定的基础，导致经济一直处于不稳定状态，一直需要宏观调控。实际上，这是宏观调控自身产生的风险。

二、 积极公共财政政策风险的内容

（一）积极财政政策债务风险评估

1998—2004 年和 2008 年至今，我国两次实施了积极财政政策来扩大内需刺激经济复苏。这两次积极财政政策都是政府主动采取了增加财政支出的措施，致使财政支出规模迅速攀升，财政赤字和债务规模持续扩大。为此，学术界就积极财政政策是否导致我国政府债务风险以及债务风险扩大化进行了丰富的研究。

结合中国国情，仅仅用赤字率和国债负担率及国债依存度等指标是无法准确判定我国债务风险及其变动趋势的。反映财政运行情况的财政赤字率、国债负担率、国债依存度、隐性负债率、失业率和收入分配结构指标所体现的风险程度在上升，其余指标所体现的风险程度都在下降或者保持不变。总的来说，积极财政政策的实施减轻了公共财政风险的累积程度，但对直接反映积极财政政策内容的指标，如国债负担率等指标所反映的风险在上升，需要给予关注。

虽然现有文献针对我国积极财政政策的债务风险研究已经很丰富了，但还存在不足。很多学者通过历史资料或数据，运用相关的统计分析方法或者计量模型来评估过去或者当前正在实施积极财政政策期间政府的债务风险状况，这种研究固然重要，因为它能够让政策的制定者和实施者及时了解和掌握政策实施所产生的债务风险状况，以便于他们及时调整政策，降低债务风险，但是这种研究无法为执政者制订国家长远规划做参考。财政赤字在我国已经常态化，这意味着弥补财政赤字的国债绝对规模持续扩大是必然的，但赤字财政也带动了经济增长率的提高，增长率的提高也会一定程度上降低债务风险，有增有降。

在 1994 年之前我国允许财政向人民银行借款或透支来弥补财政赤字，实施财政宏观调控，但 1994 年之后，国家关闭了财政向人民银行借款和透支的融资渠道，规定财政赤字只能通过发行国债来弥补。所以，1998 和 2008 年两次实施积极财政政策所产生的赤字主要是通过发行债券来弥补的。

债券包括国债和准国债，后者主要是指政策性金融债券和企业债券。政策性金融债券的发行主体是国家政策性银行，而企业债券的发行主体主要是中央部门所属机构、国有独资企业和国有控股企业。从发行主体来说，它们虽然不是政府，但是这些债券的信用等级却是以政府为依托的，一旦这些发行主体出现债务危机，政府就必然出面承担兜底责任化解危机，我国国债的绝对规模在不断增大的同时，国债的相对规模也呈现出一定的特点。总的来说，我国财政支出对发债还是存在过度依赖风险。

在关注国债债务负担率变化的同时，也要关注准国债债务负担率的变动，防止因为忽视准国债债务负担率而出现认为我国总国债负担率逐年下降，债务风险是在不断降低的假象。另外不容忽视的是，西方发达国家用了上百年的时间所积累起来的债务规模，而我国仅仅用了十几年就快达到了，这也表明我国债务规模存在增长过快的风险。

国债的绝对规模是持续上涨的，然而国债规模的相对指标变动却不是如此，这意味着我国政府债务负担率有可能并不会无限制地扩大，或许存在一定的收敛性。

（二）积极财政政策挤出效应风险评估

积极财政政策的挤出效应主要体现在对民间投资和消费的挤出上，过多地挤出民间投资和消费，就会抵消积极财政政策拉动内需的效应，进而会降低积极财政政策的积极效应，甚至使政策无效，这就是积极财政政策的挤出效应风险。

从结构分析上来说，政府支出对居民消费支出的影响在部分支出项目上存在挤入效应，部分支出项目上存在挤出效应，研究并没有得出一致的结论，这可能与具体的财政支出分类方法不同有关。我国积极财政政策实施期间也正是各项制度市场化改革不断推进的时期，制度改革的深化必然会通过积极财政政策对民间投资和消费产生一定的影响。

为了与市场经济体制相适应，1994 年我国进行了分税制改革，确立了财政分权体制，从此地方政府真正成为拥有相对独立经济利益的地方政治组织。但是，我国的分权体制是一种政治集权下的财政分权，政治集权主要体现在中央对地方政府官员具有绝对的任免权。而财政分权主要体现在中央政府赋予了地方政府支配地方财政收入的权力、资源配置的权力，如本地经济发展战略制定权、投资项目审批权等，同时还适当放松了对地方政府预算外、体制外收支权的管制，这种自主权的下放强化了地方政府的"经济人"地位，激发了地方政府为实现地方政府利益最大化目标而努力推动经济发展的动力。而以基数为基础的税收返还制度，财力性转移支付制度、加上上级政府对下级政府官员的政治晋升主要参考的政绩指标是国内生产总值、就业率、税收收入等经济指标，这些则更进一步激励了地方政府发展本地经济的冲动。

1. 财政分权对民间投资的影响机制分析

财政分权对民间投资会产生两种影响效应：挤出效应和挤入效应。产生挤出效应说明财政分权会减少民间投资，产生挤入效应则说明财政分权能够提高民间投资。

为了发展本地经济，地方政府有强烈的投资冲动。根据凯恩斯宏观经济理论可知，投资增加可以提高产出水平，而产出水平的上升会增加货币需求，在名义货币供给量不变的情况下，人们只能通过出售手中的债券来满足货币需求，债券价格下跌，利率上升，民间融资成本提高，民间投资意愿下降，投资减少，这是传统的利率途径的挤出效应。在财政分权体制下，地方政府在强烈的投资欲望驱动下，利率途径的挤出效应会被不断强化。因为为了提升本地区经济的发展水平和增加自身的政治晋升资本，地方政府会充分甚至过度使用中央赋予地方政府的各种权力。首先，在地方财政资源有限的情况下，存在地方政府以减少非生产性投资支出来增加生产性投资支出，进而扭曲本地区财政支出结构的代价来满足其强烈投资欲望的可能性。其次，现有财税体制下，地方政府没有税收立法权，无法通过增加税收来满足其投资需要。所以，在预算内资金无法满足其投资需要的情况下，地方政府就会通过增加预算外非税收入来为政府投资支出融资。一方面，增加非税收入会增加企业的负担，降低企业的利润率水平，继而会降低企业的投资意愿；另一方面，非税收入扩大投资会进一步提高利率水平，从而会挤出更多的民间投资。

财政分权迫使地方政府投资规模扩大，除了通过利率途径会强化其挤出效应之外，还有非传统的挤出效应途径。首先，地方政府拥有项目投资审批的权力，因此存在地方政府直接增加地方政府公共投资项目及国有企业的投资项目而缩减挤压民间投资项目的倾向和意愿。在积极财政政策期间，这种情况会更加明显，因为面对急速下滑的经济形势，中央一般会果断决策，短时间内推出大规模的投资计划，而地方政府准备的投资项目有限，为了争取更多的中央转移支付资金，势必会与本地民间资本争夺投资项目，甚至可能会把本来属于民间投资的项目变为政府投资项目，挤出民间投资。其次，与民间资本争夺资金来源。地方政府投资支出除了依靠中央转移支付及预算外、制度外收入等途径外，最重要的就是通过金融机构进行融资。由于地方金融机构与地方政府的特殊关系，在金融资金有限的情况下，地方金融机构必然会通过压缩民间投资需求来为政府公共投资支出提供支持。最后，在竞争领域里与私人资本争夺市场空间。财政分权体制下，地方政府都是短视的，它们偏爱短期项目的投资，而短期项目的投资一般都是竞争性项目，这样必然会造成国有经济因资金雄厚而挤出民间资本投资。

民间投资注重成本的节约，财政分权使地方政府投资规模膨胀，引起利率上升，继而提高了民间的融资成本，使民间投资意愿降低。然而由于财政分权使地方政府之间为争夺流动要素（外部资金）而展开了激烈的竞争。为了能够最大限度地吸引外来资金到本地区投资，地方政府支出主要偏向于投资公共基础设施，而公共基础设施的改善又具有正的外部性，它一定程度降低了民间的投资成本，提高了民间投资的边际产出，进而能够激励民间投资的增加。

2. 财政分权对消费的影响机制分析

财政分权对居民消费同样也会产生两种影响效应：挤出效应和引致效应。产生挤出效应则表明财政分权会减少居民消费需求，产生引致效应表明财政分权会增加居民消费需求。

财政分权会对投资产生直接和间接的挤出效应。我们知道，投资最终会一部分转化为资本，另一部分转化为个人消费和社会消费，投资被挤出意味着将有一部分个人消费和社会消费同样也会被挤出。除了以上因为投资被挤出而导致消费支出减少外，财政分权也会通过特殊的机制影响居民消费。首先，财政分权制度下，地方政府间的激烈竞争使地方政府偏向于公共基础设施的投资支出，而对于本地区基本公共服务的供给意愿不高，如科技、文化教育、医疗卫生、社会保障等方面的供给不足，导致本地区居民的基本公共服务需求无法得到满足，为此，居民只能通过增加预防性储蓄来满足上述需求，预防性储蓄需求的增加致使居民储蓄意愿增强，居民消费需求就会降低。其次，财政分权会提高物价水平进而导致通货膨胀。通货膨胀水平提高使居民收入效应小于替代效应，因而会一定程度上降低居民的消费水平，导致居民消费需求减少。最后，财政分权在短期内会导致城乡居民收入差距扩大化，而一般情况下城镇居民消费倾向低于农村居民的消费倾向，城乡居民收入差距扩大一定程度上会降低整体居民的边际消费倾向，因此，使居民消费需求减少。

居民消费是国民收入的单调增函数，国民收入增加能够提高居民的消费需求。凯恩斯理论中有财政分权与消费需求之间是同方向变动的思想体现，这可能是财政分权提高了经济效率，促进了经济的增长，带来了国民收入水平的提高。同时，凯恩斯消费函数理论认为居民的消费由现期可支配收入决定，它是非李嘉图的，所以财政分权导致经济产出增加，进而使国民收入增加，最终使居民消费水平提高。

（三）积极财政政策通货膨胀风险评估

通货膨胀表现为货物和服务货币价格的增加，从定义中我们可以看出，通货膨胀是和货币相联系的，因此，美国经济学家弗里德曼就把通货膨胀现象看作一种货币现象。国内外学者通过理论模型分析和实证研究都认为货币因素和通货膨胀之间存在长期稳定的关系，货币量增加是导致通货膨胀的主要因素。但也有些学者通过研究认为货币供应量与通货膨胀的稳定联系在逐渐变弱，货币与通货膨胀关系的这些变动体现着世界经济和各国经济发展在不断趋向复杂，经济的复杂性决定了通货膨胀不可能只由一个因素来决定，于是，许多学者开始研究可能影响通货膨胀的其他因素。

关于财政赤字是否能够引起通货膨胀，国内外研究表明财政赤字也是影响通货膨胀的因素之一，或者通过货币供应量，或者通过信贷规模，或者通过国债规模等中间变量来影响物价水平。因此，可以说通货膨胀既是一种货币现象，也是一种财政现象。现有文献就财政政策与通货膨胀关系的研究已经比较丰富，但很少有学者把制度性因素考虑进来。我们知道我国自改革开放以来就伴随着财政赤字，财政赤字一直伴随着国家经济体制改革的全过程，计划经济体制向市场经济体制转轨，财政赤字也由被动收入性赤字转向了主动支出性赤字。

1. 财政赤字与通货膨胀的联系机制分析

当财政赤字成为一国经常现象时，政府对于财政赤字弥补方式进行选择时就会与通货膨胀发生联系，这相当于收入的角度；当财政赤字作为一种调控经济的工具和手段时，其所带来的结果有可能会与通货膨胀发生联系，这相当于支出的角度。

（1）赤字融资方式的选择与通货膨胀的联系机制分析

在现代市场经济条件下，当财政赤字成为一国政府财政预算常态时，政府一般可以选择三种方式为其赤字融资：一是向央行借款或透支；二是政府发行债券；三是出售外汇储备资产。

第一，赤字货币化或可引发通货膨胀的机制分析。

政府向中央银行借款或者透支来弥补财政赤字时，被称为赤字货币化，赤字货币化的过程是货币供应量增加的过程。因为当政府向中央银行进行借款或透支时，中央银行对政府的净债权增加，其财政账户的余额就会立即增加，而这一过程会造成基础货币供应量的增加或者高能货币增发。货币供应量增加是导致通货膨胀的必要条件，最终能否引起物价水平升高、产生通货膨胀要取决于市场对货币的容纳能力。所谓市场货币容纳能力是指在现有市场经济规模下货币需求量增加幅度与经济总量增长幅度的比值，该比值越大表示经济增长越快，所能带动的货币需求量增加幅度越大，意味着市场对货币的容纳能力越强，新增加的货币供应量很快就能被货币需求量的快速增加部分抵消甚至全部抵消，因此引起物价上升的幅度就会越小，引发通货膨胀的概率就会越小。反之，则引发通货膨胀的概率就会越高。一般情况下，人均收入水平低的国家，居民消费能力低，市场容量就会相对较小，经济增长所能启动的货币需求增加也就非常有限，财政赤字货币化极易引起物价上涨，引发通货膨胀。

第二，财政赤字债务化或可引发通货膨胀的机制分析。

一是国债发行阶段。政府发行债券的过程是财政赤字债务化的过程，这个过程也可能会间接增加货币供应量，那么最终是否会引发通货膨胀取决于债券的应债主体。一般情况下，应债主体可以分为三类：居民个人、企业（非金融机构）及存款类金融机构。政府通过把债券出售给这三类应债主体，进而使政府获得债务收入，并由政府支配该笔资金用于政府支出。但对应债主体的选择不同，就会对物价水平产生不同的影响。当居民个人和非金融机构企业购买国债时，其购买国债的资金来源于居民个人和非金融机构在银行的储蓄存款，或者部分手持的现金，通过国债使原本由居民个人和非金融机构支配的货币转移到了政府手中，在这个过程中，仅仅实现了货币支配权的转移，经济社会中的货币供应量并没有增加。因此，面向居民个人和非金融机构发行国债并不会引发通货膨胀风险。当国债的应债主体为金融机构时，是否引发通货膨胀风险取决于存款类金融机构购买国债的资金来源。如果存款类金融机构动用其非准备金，如回收的贷款及投资获得的收益等购买国债，其实质就是存款类金融机构贷款对象由私人转向了政府，民间贷款资金减少，政府贷款资金增加，社会中的货币总量并没有增加，因此，不会引发通货膨胀风险。如果存款类金融机构动用超额准备金购买国债，在政府支用该笔资金前并不会导致货币供应量的增加，因为在此之前，超额准备金仅仅是在央行的存款类金融机构账户上转移到了财政账户上，并未形成事实上的支出使货币总量增加。但是一旦政府动用这笔资金，形成了现实的支出，这笔资金就会由央行的财政账户转向存款类金融机构账户上，使这笔原来作为存款类金融机构不能动用的资金变为可以动用的资金，相当于降低了存款准备金率，增加了存款类金融机构的货币供应水平，提高了其货币创造能力。此时，货币供应量的增加是否会引发通货膨胀风险，其原理与财政赤字货币化一样，最终取决于市场对货币的容纳能力。

二是国债支出阶段。国债的发行使利率上升，利率上升导致民间资本融资成本提高，进而导致民间投资下降，赤字财政政策效果被抵消，最终导致赤字对经济增长影响效果不显著。当这种挤出效应比较大时，政府基于利率稳定的需要，央行就会通过公开市场操作来回购国债，向经济系统中增加货币供应量，以此来缓解市场中货币需求紧张的状况，进而保持利率水平的稳定。当财政赤字已成为国家执行财政预算的常态时，意味着国债规模会不断地扩大，利率上升的压力就会长期存在，央行就必须长期从事回购国债的操作，这样一来就会持续不断地增加市场中的货币供应量。短期内，在市场对货币容纳能力比较强的时候，这种货币供应量的增加引发通货膨胀的可能性比较小；长期来说，市场的发展会逐渐趋于饱和或者稳定，市场容纳能力存在边际递减趋势，长期回购国债导致货币供应量的持续增加最终超过市场对货币容纳水平的时候，就会出现多余货币，最终引发通货膨胀。

（2）赤字拉动需求与通货膨胀的联系机制分析

由凯恩斯经济理论可知，增加赤字支出可以提高总需求，在总供给不变的情况下，就会引起价格水平的持续上涨，导致通货膨胀，即西方经济学中所说的需求拉上型通货膨胀。分两种情况：第一，在非充分就业状态下，增加财政赤字首先引起总需求增加，为应对需求增加而扩大生产规模购置原材料、机器设备及建造厂房直至生产出产品等在短时间内是无法实现的，此时需求增加必然会引起价格水平上涨。产出增加之后，物价水平会降低些。但持续地增加财政赤字支出，总需求的不断增加，随后总供给也不断扩大，物价水平始终在缓慢上升，此时的物价是伴随着产出增加而上涨的。第二，充分就业状态下，由于此时，所有可能利用的资源都被利用了，即已经达到最大产出水平或者潜在产出水平，总供给不会再增加，增加财政赤字支出，总需求增加导致通货膨胀缺口出现，从而引起价格水平上涨。

（3）出售外汇资产与通货膨胀的联系机制分析

外汇储备是一个国家重要的资产，当政府财政出现赤字时，政府也可以通过减少外汇储备的持有来为财政赤字融资。在固定汇率下，为了维持币值稳定，防止货币贬值，央行通过抛售外汇储备来减少本币的供应量。如果财政赤字长期存在，政府就需要长期通过抛售外汇储备来维持币值稳定，同时为财政赤字融资。一旦政府的外汇储备被消耗殆尽，政府就只能让本币贬值，而本币贬值必然引起通货膨胀。在浮动汇率下，持续的财政赤字同样也会消耗完外汇储备，最终政府只有通过增发货币来弥补财政赤字，此时也必然引发通货膨胀。

2. 我国通货膨胀产生的一般性和特殊性分析

（1）我国通货膨胀产生的一般性分析

根据上述理论分析，财政赤字与通货膨胀的联系机制主要包括：一是财政赤字—央行借款或赤字—货币供应量—通货膨胀；二是财政赤字—发行国债—应债主体—货币供应量—通货膨胀；三是财政赤字—发行国债—国债利率上升—挤出效应—公开市场操作—货币供应量—通货膨胀；四是财政赤字—总需求增加—通货膨胀；五是财政赤字—减持外汇储备—通货膨胀。1994 年《中华人民共和国预算法》规定财政禁止向中央银行借款和透支，而我国对资本项目实行严格管制，因此，对我国来说，政府财政赤字主要是通过发行国债来弥补。1994 年之前我国国债应债主体是以居民个人和非金融机构为主，1994 年之后我国国债应债主体是以存款类金融机构为主。1998 年央行开始执行公开市场操作回购国债业务。也就是说，我国以发行国债来弥补财政赤字引发通货膨胀风险可能来自存款类金融机构使用准备金购买国债，以及国债的挤出效应。另外，我国赤字财政政策使得财政赤字增加，导致总需求增加，进而引发通货膨胀风险。

（2）我国通货膨胀产生的特殊性分析

20 世纪 90 年代初我国确立了社会主义市场经济体制，市场化改革就此展开。为了与市场经济体制相适应，我国相继进行了一系列的制度改革，其中 1994 年的分税制财政体制改革是我国推进市场化改革过程中的重要组成部分。分税制财政体制改革核心内容是划分中央政府和地方政府的财权和事权，因此，改革也被称为分权财政体制改革。此次改革的结果是财政收入权力向中央集中，而财政支出权力却在向地方下放。中国式的财政分权使得我国通货膨胀的产生具有了特殊性，即财政分权在强化财政赤字引发通货膨胀风险的同时，还通过其他机制影响我国的通货膨胀率。

机制一：财政分权—预算软约束—隐性赤字或国债—通货膨胀。我国正处在经济的转轨时期，存在大量的预算软约束，主要表现为国有企业预算软约束和地方政府预算软约束。一方面，1994 年的中国式财政分权改革引发了地方政府之间的激烈竞争，包括经济增长竞争、争夺有限经济资源（外来投资）的竞争等。国有企业的预算软约束依然存在，因为我国的社会主义公有制性质决定了国有企业仍然是公有制经济的重要组成部分，而国有企业产权问题使得其效率无法最大限度地提高，亏损是必然的，所以为了维持国有企业的经营，对国有企业的软预算约束也是必然的，只是这种软预算方式由财政直接补助变成了银行信贷的间接补助方式。财政分权虽然降低了对国有企业的直接补助，但却大大提高了地方政府干预金融机构为国有企业提供贷款的量，或者扩大国有企业债的发行规模，这些都形成了政府的隐性赤字，隐性赤字的增加提高了货币创造能力，导致通货膨胀发生。另一方面，现行财政分权制度下，财权集中、事权分散使地方政府财政预算收支失衡，这是制度安排的结果，因此，中央政府通过转移支付和放松对地方政府预算外收入的管制来缓解地方政府财政预算收支平衡的压力。但也因此导致了地方政府财政收支越来越依赖中央的转移支付和预算外的收入，进而形成地方政府预算的软约束。地方政府为了能够获得更多的中央转移支付收入，不顾地方预算收支的失衡，不断扩大地方政府支出规模，导致地方政府财政赤字不断膨胀，进而增加了中央财政赤字的压力，促使中央财政增发国债，财富效应增加最终导致价格水平上涨，诱发通货膨胀。除此之外，地方政府极力扩大预算外支出规模，带动总体需求增加更快，进而导致物价水平更快上涨，加速通货膨胀的发生。

机制二：财政分权—公共支出结构偏好—居民储蓄提高—银行信贷规模扩张—通货膨胀。财政分权导致了地区之间的税收竞争和标尺竞争。税收竞争主要是为了增加地方财政收入，属于经济层面上的竞争。为了能够增加 GDP，地方政府充分利用税收优惠和政府支出手段吸引外来投资，加强招商引资力度。随着税收制度的完善以及投资者对投资地区整体环境的关注，使得税收优惠吸引外来投资的力度逐渐减弱，政府支出手段逐渐成为招商引资的重要手段。地方政府为了迎合投资者对本地区整体投资环境的偏好，政府支出主要偏向公共基础设施投资。在地方财政资金紧张的情况下，政府这种偏向基础设施建设的做法，造成地方政府在科技、教育、文化、医疗卫生、社会保障等方面的公共支出相对偏少。由于地方政府对于基本公共服务支出的忽略，加上当前我国福利制度和社会保障制度方面的不完善，增强了居民为保障未来生活需求而主动增加储蓄的倾向，储蓄倾向的提高使得银行存款规模扩大，在国家双松政策的驱动下，银行贷款欲望强烈，这样一来，过高的储蓄规模为银行信贷规模的膨胀提供了条件，货币创造能力提高，通货膨胀发生的可能性增加。

机制三：财政分权—增加流动性—干预信贷规模（银行隐性、或有负债）—货币创造提高和需求增加（基础货币增加）—通货膨胀。中国式财政分权体制下，地方政府偏向于对 GDP 的追逐，为了提高 GDP 增速，地方政府会通过增加流动性的办法来使经济快速增长。这种增加流动性的办法在国家刺激经济复苏、扩大内需的调控政策时期尤为显著。在国家实施积极财政政策期间，地方政府迎来了快速发展的机遇，因为在此期间中央会加大对地方政府的支持力度，同时其他各项政策也相对比较宽松。为了抓住快速发展的机遇，地方政府就会充分利用其对地方公共资源支配的权力来为本地区增加流动性。主要表现在：一是大量成立地方融资平台公司，通过地方融资平台公司向银行贷款；二是为企业提供融资担保责任，迫使银行为企业贷款；三是利用其与地方金融机构的特殊关系，直接干预信贷资金的分配；四是利用行政命令迫使银行降低企业融资门槛。这些方式一方面加速了银行信贷规模的膨胀，致使货币创造能力提高，同时投资需求的膨胀导致总需求增加，两者共同作用，物价水平上涨。另一方面，由于政府的干预，这些贷款中有相当部分贷给了效益差的项目，或者效益差的企业，因此增加了银行的不良贷款率，这些贷款形成了银行的隐性负债和或有负债，不良贷款率增加影响到银行的正常运转，为了降低银行运营的风险，提高银行的流动性，央行可能会增拨商业银行的准备金，进而会增加基础货币，引发通货膨胀。

（四）积极财政政策的失业风险评估

积极财政政策的实施主要通过税收政策、政府投资、财政赤字等工具实现，而通货膨胀是积极财政政策实施可能的后果，这些都会对失业变动产生影响。下面我们将具体分析每一个政策工具可能影响失业率变动的机制。

1. 税收政策与失业率变动的联系机制分析

1998 年以来，我国实施积极财政政策的措施之一就是调整税收政策，采取结构性减税为主，降低个人和企业的总体税收负担。由宏观经济理论可知，税收的变动对劳动力供给和需求都会产生影响。当提高劳动者征税水平时，劳动者会认为提供劳动所获得的收益是不断降低的，福利水平是下降的，因此会主动放弃劳动而来避免福利的损失，对劳动供给产生抑制效应，尤其是当本国居民的社会保障水平在不断提高的情况下，因税收变动而导致劳动供给变动变得更加敏感。另外，当提高劳动者的征税水平时，就会提高企业的劳动力成本，导致企业收益率下降，企业为了实现利润最大化的目标，一方面会通过增加价格相对低廉的资本以取代昂贵的劳动，因为对劳动征税会提高劳动力的成本，进而使劳动力价格相对资本就会变得昂贵。另一方面，过高的税收负担会降低企业对劳动力的需求。在我国现有财政分权体制下，财权上收中央，事权下放地方，而每年下达给各地方的税收任务却是逐年上升的，这会迫使地方政府在提高税收征管效率的前提下不得不想办法通过增加本地区税源数量来实现税收的持续增长。增加税源数量就意味着要在本地区建立更多的企业，企业多了自然吸收的劳动力就增加了。地方政府为了扩大本地区税源，就会通过减税优惠、为企业提供廉价土地优惠以及其他相关优惠政策来争取更多的企业进驻本地区，进而使本地区企业不断增加，税源就会充裕，税收不但不会减少反而会增长。财政分权体制下，税收政策的调整在一定程度上也能起到促进就业增加的作用，但 2012 年起，税收增速急速下降，这与经济增速放缓有关系。

2. 政府投资与失业率变动的联系机制分析

我国积极财政政策主要是通过拉动投资需求来带动经济增长的，因此，也被称为投资推动型经济增长模式。财政分权体制下，各地方政府官员为了获取更多的政治晋升资本，始终偏爱 GDP 指标的上升，所以有强烈投资冲动。从投资总量来说，政府投资规模越大，对相关投资品的需求就会越高，进而带动相关投资品行业生产规模的扩张，从而增加该行业对劳动力的需求，因此也就会带动总就业率的提高。从投资的结构上来说，地方政府主导和引导的投资偏向于公共基础设施方面，这一方面可以改善本地区的公共投资环境，提升本地区与其他地区争夺流动资源（各类外商投资）的竞争力；另一方面，中央政府也偏爱公共基础设施项目投资，因为公共基础设施项目投资的正外溢效应比较大，产生经济效益和社会效益的能力高于其他非公共基础设施投资项目，能够很快提高国家整体的 GDP 总量，刺激国家整体经济复苏。1998 年以来，国家主导的政府投资主要投向了铁路、公路和机场等交通基础设施，农田水利等农村基础设施、城乡电网改造、城市公用事业、粮食仓库更新和建造、社会保障型住房等公共基础设施，以及重大制造业项目。政府投资虽然能够带动经济增长，但对就业增长的贡献度不高，甚至可能是排挤就业。

3. 财政赤字与失业率变动的联系机制分析

凯恩斯赤字财政政策理论认为，财政赤字增加会扩大政府财政支出规模，经由政府支出乘数效应导致总需求增加，进而促进就业增加。然而我国却存在财政赤字与失业率变动的特殊联系机制。在财政分权体制下，地方政府投资的冲动使赤字规模不断扩大。一方面为了短期内快速提高本地区经济总量，各级政府把大量的赤字主要用于了生产性投资领域，这必然在短期内能够快速启动经济，但是根据上述分析可知，这些领域主要是公共基础设施领域，它们带动经济的能力高但就业吸纳能力却不高。在投资总规模不变的前提下，对公共基础设施投资的增加必然要减少对其他领域的投资规模，因此，可能出现排挤就业的现象。然而，另一方面，按照科学发展观的要求，地方政府又不得不保留一定规模的财政赤字用于教育、医疗卫生、社会保障和就业等基本公共服务方面的支出。

教育支出增加可以提高就业者的就业技能，有助于就业率的提高；医疗卫生支出增加能够有效提高劳动者的素质，提高劳动供给质量，增加劳动供给；社会保障和就业支出增加能够提高低收入者的收入水平，而低收入群体一般都是边际消费倾向比较高的居民消费者。提高社会保障和就业补贴支出会通过收入效应和消费效应，进而间接扩大就业量。另外，财政赤字会提高通货膨胀水平，而由新古典综合派所提出的理论可知，高通货膨胀率能够显著降低失业率。那么财政赤字究竟是提高就业率还是降低就业率，要综合财政赤字正负就业效应后才能确定。

财政分权除了通过积极财政政策工具影响失业率变动之外，财政分权自身也能够影响失业率的变动。财政分权改革带来了经济效率的提高，效率的提高一方面使总产量不断增加，另一方面带来收入增加，总需求增加，进而使就业水平不断提高。

（五）积极财政政策的收入分配不公风险评估

分配不公一般表现为起点的不公、过程的不公和结果的不公，这三者之间存在必然的联系，分配起点的不公和分配过程的不公都会加剧分配结果的不公，而分配结果的不公会进一步影响起点的不公。财政支出规模引发收入分配不公更多地体现为分配过程的不公。财政分权使地方政府具有了更大的财政支出权，增强了地方政府经济的相对独立性，激发了地方政府发展本地区经济的积极性，政治上的集权则更进一步地强化了地方政府对 GDP的崇拜和追捧。因此，为了最大限度地增加本地区的财政收入以及能够因此而顺利升迁到更高的政治职位，地方政府更多强调的是效率，公平问题进而就会被忽视。地方政府的这种行为一方面会加剧地区分配不公程度的增加。因为对于经济相对发达区域来说，能够利用的财政资源相对比较丰裕，财政支出规模就会比较大，能够更大程度地提高本地区生产效率，进而能够更加有效地推动本地区经济增长，快速提高本地区居民收入水平。但是对于经济相对贫困的地区来说，财政资源短缺，财政支出规模相对有限，对本地区经济增长的作用有限，居民收入增长缓慢，因此就会拉大经济发达地区和经济欠发达地区居民收入分配不公的程度。另一方面，会扩大居民收入分配不公的程度。一般情况下，高收入阶层对社会经济发展的贡献率高于低收入阶层，因此，对经济和政治的影响力就会高于低收入阶层。正因为高收入阶层对效率的提高和经济增长的贡献率大，所以，在政府追求政绩的强烈欲望下，财政支出政策的运用上就会更多地去满足高收入阶层的利益诉求，进而就会一定程度损害低收入阶层的利益，继而加剧居民收入分配的不公程度。

1. 财政支出结构引发收入分配不公的机制分析

财政支出规模的地区性差别可能会影响到居民收入分配的公平度，同样财政支出结构的扭曲也会影响到居民收入分配的公平度。财政支出结构从大的方面来说，可以分为经济性支出和非经济性支出。前者主要指经济建设支出；后者主要是指基本公共服务支出，包括教育、科技文化、医疗卫生及社会保障和就业等支出。经济建设支出主要用于公共基础设施建设，属于投资性支出，投资增加可以提高资本积累率。根据经济增长理论可知，资本是影响经济增长的重要因素，随着技术的进步，资本的产出贡献度在不断提高，而劳动的贡献度虽然也在提高。但与资本对经济的贡献度相比差距在不断拉大，国民收入分配在逐渐向资本倾斜，资本性收入水平在不断提高，而相对于资本而言，劳动收入水平在下降。这也意味着资本的拥有者和劳动者的收入差距在不断扩大。基本公共服务支出主要用于劳动者能力和效力水平的提升，它更多会对收入分配的起点公平产生影响。教育科技文化支出可以提高劳动的生产能力和配置能力，继而可以提高劳动者的效率，效率提高收入水平就会上升。生产能力是劳动者基本的生存能力，教育类支出能够提高劳动的技能水平，对于低收入者来说，所带来的收入效应可能会更大。劳动者配置能力，更多体现在劳动者发现和利用机会，进而达到既定资源利用最大化的能力。教育类投资可以丰富劳动者知识，开阔劳动者视野，使劳动者能够更好地发现和利用身边的资源，从而增加自身收入额。医疗卫生支出主要用于劳动者身体素质的提高，健康的身体能够使劳动者通过延长工作时间、提高劳动强度等方式获取额外收入。社会保障和就业类补助支出主要对分配结果的公平性产生影响。社会保障和就业补助支出可以保障低收入者、失业者和丧失劳动能力者的收入水平，从而改善社会收入分配状况。

财政分权体制下，由于资本因素拉动经济增长的能力强于劳动因素，地方政府为了实现本地区 GDP 快速增长，一般都会偏向基本建设投资支出，而忽视基本公共服务支出，这在许多文献研究中已得到证实，这样会造成资本拥有者和劳动收入者之间的收入差距扩大。从增长潜力来说，城市的经济增长潜力高于农村的经济增长潜力，因此，地方政府基本建设支出更多偏向于城市部门，造成城乡收入差距的扩大。

2. 税收政策引发收入分配不公的机制分析

税收政策是积极财政政策的重要工具，它更多地会对收入分配的结果产生影响。在经济出现衰退时，国家就会通过降低税负来刺激经济复苏。降低税负并不是说要降低所有税种的税负，国家根据本国实际情况，会有选择地调整税种的税负。而在经济过热时，国家会通过提高税负来抑制经济过热，同样提高税负也不是要提高所有税种的税负。税收政策的调整会对资本收益和劳动收益产生影响。

当税收政策偏向投资需求时，比如扩大固定资产投资方面的税收优惠，降低固定资产投资税负，与固定资产相关的资本收益率就会因税负降低而提高。对于资本持有者来说，他们会因持有更多资本而获取更多的收入，而对于少资本或无资本的人来说，他们就无法享受到降税带来的收益，相对于资本持有者来说，收入水平是下降的。结果就是，资本持有者越来越富有，劳动者收入水平越来越低，收入分配不公程度就会提高。当税收政策偏向于刺激消费需求时，所得类税种的税负就会被调整，比如提高个人所得税的起征点或者免征额，这种税收政策的调整虽然能够提高居民的收入水平，但是也可能拉大居民之间的收入差距。因为对于收入水平本身就低于起征点的居民来说，他并没有从中受益，相反，对于收入水平本身就高的居民来说，他却享受了税收调整所带来的收益，进而一定程度上拉大了不同社会阶层的收入差距。当税收政策偏向于某个行业或地区时，就会带动该行业或地区劳动者收入水平的上升，而未享受到税收优惠政策的行业或地区，劳动者收入水平却未提高。当然，如果税收优惠政策用于低收入行业或者贫困地区，一定程度上可以缩小行业或地区的居民收入差距，反之就会加剧居民之间的收入分配不公程度。在财政分权体制下，地方政府一般都会偏向投资性需求方面的税收政策调整，或者行业税收优惠和地区税收优惠，税收政策的结构性调整，会对不同阶层的居民收入水平产生不同程度的影响，影响程度的差异性就会在收入分配差距中得以体现。

3. 转移支付政策引发收入分配不公的机制分析

转移支付政策是实现财政收入再分配功能的重要方式，它也主要是对收入分配的结果产生影响。分税制改革后，由于我国地区财力不均衡，国家建立起协调各地区财力分配的转移支付制度。该制度除了保留原有中央对地方的转移支付形式外，还建立了以基数法为基础的税收返还制度、专项转移支付制度、一般转移支付制度。税收返还实行以 1993 年为基期，然后逐年提高返还比例的基数方法。1994 年首先实行增值税和消费税的税收返还，2001 年又增加了所得税基数返还。由于基数法的税收返还是与各地区经济发展水平挂钩的，经济发达地区，税收收入高，中央对其返还的数额也高；而经济欠发达地区，税收收入本身就不高，所以所能得到的税收返还额也就比较低。这就会导致欠发达地区因缺少财政收入使公共基础设施发展滞后，继而经济发展迟缓，导致该地区居民收入水平增长缓慢。而经济发达地区则会因为税收返还额度高，财政收入丰裕而发展更快，居民收入水平提高更快。这自然就会引发居民收入差距的扩大。专项转移是中央财政按特定用途，以特定项目的形式拨付给地方的专项资金。地方政府为了追逐 GDP 指标的提升，也会为争夺中央专项转移支付资金而展开激烈的竞争。由于专项资金额度有限，因此会导致有些地区获得的专项转移支付资金多，有些地区获得的专项转移支付资金少，甚至没有获得该笔专项资金。获得专项资金多的地区经济发展就会快于获得专项资金少的地区和没有获得该笔专项资金的地区。经济发展水平决定居民收入水平，因此，经济发展差距扩大必然带来居民收入差距的扩大。一般转移支付是中央为推进基本公共服务均等化、平抑地区间因经济发展差异导致的财力性差异而实施的财力性转移支付。该转移支付资金具有缩小地区间居民收入差距的效果，但是由于财力性转移支付资金规模偏低，所以对缩小居民收入差距的效果并不显著。

（六）积极财政政策的效率损失风险评估

在我国现行财政分权体制下，地方政府的经济独立性不断被强化，地方政府为税收收入的扩大以及自身政治晋升资本的增加而会同其他地区展开激烈竞争，这种竞争首先会导致区域之间的竞争效率损失。积极财政政策实施的过程中，各种要素资源也会加速在不同地区间流动，同样，财政分权带来的激励扭曲也可能会导致要素在各区域之间配置的效率损失。

1. 积极财政政策引发竞争效率损失的机制分析

竞争在为各竞争主体之间带来压力的同时，也会产生动力。我国现行财政分权体制就为地方政府竞争提供了激励机制，财政分权扩大了地方政府的经济自主权，地方政府为了实现本地区经济利益最大化，同时为了政治晋升的利益，就会对各种可能提升本地区经济总量的资源进行争夺。在现有机制、体制还不完善的情况下，地方政府之间的这种竞争虽然能够带来经济的增长，但是同时也可能带来效率的损失，这种由于地方政府竞争而带来的效率损失主要表现在以下两个方面：

第一，地方政府竞相扩大投资规模可能带来一定的效率损失。相比较消费而言，投资在短期内提升地区经济总量的效果更加明显，所以，开展投资竞争成为地方政府的首选，特别是政府在实施积极财政政策期间这种竞争会更加激烈。因为，在这期间各项政策相对宽松，这也是快速提升本地经济总量的最佳时机，地方政府都会努力去抓住这次机会，所以竞争也会更加激烈。地方政府间的这种投资竞争会带来两种后果：一是地方政府的这种为增长而展开的投资竞争，会使地方政府忽略所带来部分行业产能过剩的问题，产能过剩一方面会造成资源浪费，另一方面会因在某些行业过度集中投资而造成其他行业资源投资不足，致使产业结构失调，最终导致效率损失；二是投资产业的趋同性，各级地方政府都清楚投资哪些方面能够快速带动本地区经济总量，因此，各地区投资的重点差异性比较小，造成重复建设、各地区产业结构趋同，进而使得各地区之间只为争夺有限的市场而展开恶性竞争，结果必然造成效率损失。

第二，地方政府投资竞争努力程度的差异性会带来一定的效率损失。我国各地区经济发展水平差异性比较大，资源禀赋不同，继而竞争的起点是不同的。东部地区经济发展水平高，中部地区经济发展水平低于东部地区，西部地区经济发展水平最低，这种历史形成的经济发展差异使得地方政府在投资竞争努力程度方面并不一致。对于东、中、西部来说，三个地区所受到的竞争压力是不同的，东部地区的竞争压力主要来自中部地区的追赶，西部地区的竞争压力主要来自追赶中部地区，中部地区则受到双重竞争压力，它既要赶超东部地区，又要防止被西部地区赶超。不同的压力来源会使地方政府的努力水平强弱不同，中部地区受到追赶与被追赶的双重压力，压力大，自然动力就会增强，而东部地区和西部地区分别受到被追赶和追赶的压力，相对来说，动力就会弱于中部地区。积极财政政策在全国实施，并不必然会产生同等效力，相比较而言，积极财政政策的实施在中部地区提升经济总量的效果最显著，竞争效率损失最小，因为中部地区受到双重竞争压力，因此激励强度最大，损失也就最小。而对于东部地区和西部地区而言，增加经济总量的效果会弱些，竞争效率损失会较高。东部地区和西部地区投资竞争的努力程度取决于相对收益的差距。对于东部地区来说，东、中部地区相对收益差距扩大，就会刺激东部地区提高努力程度，因为只要东部地区提高了努力程度，就能够保持这种领先优势，继而获得更大的收益，竞争效率损失相对会小些。但是对于西部来说，中、西部地区相对收益差距的扩大意味着中、西部地区发展的差距更大，更大的差距就会使西部地区追赶中部地区所付出的成本更大，而所得收益却很少，降低努力程度或许能够增加收益，所以财政收入和政治晋升的激励强度就会极大减弱。因此，西部地区可能就会弱化这种竞争，放慢甚至放弃对中部地区的追赶，由此会造成更大的竞争效率损失。

2. 积极财政政策引发资源配置效率损失的机制分析

资源配置效率损失主要是指社会各生产要素资源在各产业生产部门之间不合理的配

置，导致实际生产对前沿生产产生偏离。这种偏离造成实际生产未达到前沿生产的要求，从效率的角度来说，实际产出出现了效率损失，这种由于资源配置不合理而造成的效率损失被称为资源配置效率损失。

积极财政政策主要通过公共投资支出和税负调整来影响资源配置。在当前财政分权体制下，地方政府的公共投资都会偏向短期能够快速带动本地区经济增长的项目，这些项目有可能属于竞争领域。地方政府的这种投资偏好，一方面会使地方政府通过行政权力使用于其他项目的各种要素资源被用作地方政府偏爱的投资项目，各种要素过于向某一部门集中，进而就会造成各要素资源在各部门的分配出现不协调；另一方面政府的投资取向会对其他经济投资主体起到示范效应，引导其他经济投资主体向其看齐，把本应该用于其他领域的各要素资源部分或者全部用于与政府投资相同或者相似领域及项目，这样更会加剧各要素资源在各部门之间分配的不合理性，使其实际产出对潜在产出产生偏离，最终造成资源配置的效率损失。除此之外，由于各生产要素对于产出的贡献率是不同的，地方政府对于 GDP 总量的偏爱以及自身政治晋升的激励，会使政府加大对产出贡献率高的要素投入。现有文献研究普遍认为资本的贡献率高于其他要素，因此，地方政府就会倾向于加大有利于资本增加的固定资产的投资，这样同样也会造成要素配置在各部门、各产业之间的失调。地方政府投资支出除了会直接造成资源配置效率的损失外，还会间接造成资源配置效率的损失。在财政分权和政治晋升的双重激励下，地方政府的强烈投资冲动会引发物价水平的大幅度波动。物价水平的波动也会引发资源配置效率的损失。

税收政策是积极财政政策的另一重要调控工具。税收政策同样也可以对各要素配置产生影响。税收政策主要通过对不同的生产要素设置不同的税收优惠，进而改变不同生产要素之间的税收负担，导致税负轻的生产要素代替税负重的生产要素，从而改变各部门或产业不同要素之间的分配关系。积极财政政策下，除了增加政府财政支出外，那就是减税。减税主要是一种结构性减税，而不是全面的减税。在积极财政政策期间，我国实行的是增税与减税并举的税收政策。增税和减税一方面是国家宏观经济调控的需要，另一方面有增、有减的税收调整是我国税收体制改革不断推进和完善的需要。总体上看，依据相关研究文献可知，我国税收负担是在不断提高的，税收政策调整增税力度大于减税力度，所以，不但可能造成资源配置效率的损失，还有可能造成实际税负过重而引致的效率损失。在现有财政分权体制下，财政分权和政治升迁激励下，地方政府会偏向于对经济贡献率高的要素作为减税对象，对其他要素不做调整或者少做调整，以此来提高本地区的经济总量。这样一来会出现因政府干预而使税负轻的生产要素不断代替税负重的生产要素，扭曲各要素之间的配置关系，进而导致资源配置效率损失，尤其是在经济发展水平落后的地区这一现象可能会更严重一些。

积极财政政策作为重要的宏观调控政策，一方面刺激了经济的复苏，提高了经济总量；另一方面在分权激励和政治升迁激励下，地方政府在落实积极财政政策的过程中，出于地方利益的考虑而使政策执行出现偏差，导致效率损失。上述分析了积极财政政策的实施可能带来的竞争效率损失和资源配置效率损失。

（七）财政宏观稳定功能的风险评估

1. 财政宏观政策与产出稳定

政府财政在社会总产值中掌控的相对资源越多则更加容易导致社会总产出陷入萧条状况，同时随着时间的推移这一效应具有放大趋势。财政支出相对规模变量在宏观产出稳定中的作用都不显著；而财政绝对支出政策对经济产出具有显著的拉动和激励作用，避免陷入萧条。

在其他控制变量方面，实证结果表明，一地区人均经济发展水平对经济产出具有强劲的推动作用，经济发展更好则经济产出将有更大可能避免经济萧条和经济下行；与此同时，经济外向型程度以及第三产业占比状况都能够在一定程度上推动经济产出向上增长和减弱落入经济萧条的概率。此外，一个社会政府投资状况、固定资产投资比例以及人口年龄结构等变量在实证分析结果中的影响均不显著。

2. 财政宏观政策与就业稳定

政府财政宏观政策不论是税收等相对收入政策还是财政支出政策，在履行宏观就业稳定政策目标中的作用都十分有限。具体而言，财政相对收入比重对于就业稳定和增长具有微弱的抑制作用，而绝对性财政支出对刺激就业增长具有微弱的促进作用。与此同时，其他各控制变量的影响效应也不够显著。

物价稳定是除经济产出和就业稳定以外的另一大政策目标。财政收入在社会生产总值中占比越高越有利于物价的稳定，但是这种相对收入政策效应具有短期性。

如果经济体更加依赖于出口或者第三产业的发展，那么物价水平相对更加高涨；另外，如果人口结构中社会人口中青年及老年人口占比更高，以及居民受教育水平更高，那么在一定程度上将有助于实现物价的稳定。

3. 稳健性分析和进一步讨论

从财政政策经济产出稳定目标上来看，政府在社会总产值中掌控相对更多的资源并未更加有效地帮助生产远离萧条；在财政支出政策方面，相对规模或者绝对规模下的财政支出在发挥激励产出方面的作用都有限。财政支出绝对规模在离散型分析中不再能够有效地实现经济产出上行。出现这一状况的可能原因在于，财政支出政策对宏观经济产出变动产生相对较小的影响幅度。

第二节 公共财政微观风险评估

一、 对公共财政微观风险的认识

（一）公共财政微观风险的含义

公共财政的微观构造通常是指公共预算的制度安排，习惯称为分税制财政体制。这一制度安排要实现两个目标：一是在公共资源配置和市场资源配置的关系中，保证市场在资源配置中起决定作用；二是保证公共劳务均等化的效率提供。第一个目标要求税制中性、预算中性；对于第二个目标来说，分税和转移支付制度是公共劳务均等化的重要保证。

所谓公共财政的微观风险，是指税制的非中性风险、预算的非中性风险，从而使市场在资源配置中不能起决定性作用，公共劳务均等化的目标也难以实现。

（二）公共财政微观风险的原因

1994 年建立的分税制财政体制，相当于新预算法中一般公共预算的体制。这一体制不能保证市场经济在资源配置中起决定作用和实现公共劳务均等化的效率供给。

1. 经济运行过度依赖宏观调控，导致现行的分税制财政体制缺乏透明度

1994 年我们采取紧缩的财政政策和相对宽松的货币政策，以便使当时过热的经济"软着陆"。1996 年宣布"软着陆"成功，但通货紧缩的势头一直没有真正被遏制。1998 年就实行积极的财政政策，实施多年以后准备转入稳健的财政政策。但 2008 年实行更为积极的财政政策。首先，经济运行过度依赖宏观调控就会导致微观机制难以稳定，或者说微观机制不稳定就依赖宏观调控。两者相互作用，微观机制就更不稳定。微观机制不稳定必定导致透明度不高。其次，分税制财政体制的变动无序。现行体制实行以来，税收收入在中央和地方之间的划分变动频繁。最后，一般公共劳务均等化的问题主要靠专项转移支付来解决。这是由于一般转移支付解决不了问题，只能依靠相机抉择的专项补助。理论上说，一般转移支付是主体，专项转移支付是补充。但由于制度不透明，本来属于辅助的方法反而为主了。

2. 现行税制缺乏中性

一般税和特种税是基于税收中性原则的分类方法。从再生产循环的角度看，收入流量

可以分为两类：一类是商品劳务收入流；另一类是生产要素收入流。支撑再生产循环的不仅有收入流量，还有存量，例如存在生活存量和资本存量。在这一分类基础上，税种选择有两种情况：一种是对税基普遍征收的税，称为一般税；另一种是在一般税基础上再选择某些税基设立的税种，称为特种税。一般税是税收中性的基础，特种税是税收中性的补充。

流量税有两种一般税：商品劳务一般税和生产要素一般税。前者是以商品劳务交易额（或增值额）为税基的税收，即对所有商品劳务交易行为征税；后者是以生产要素收入为税基的税收，即对所有生产要素收益征税。

从中性原则来看，一般税应该只设一个税种。比如欧盟国家，商品劳务一般税只设增值税一个税种。而生产要素收入的一般税，发达国家通常只设个人所得税一个税种。

由于我国的市场经济体制以公有制为基础，把一切生产要素收入明晰到个人是不可能的。因此，我国的生产要素一般税也由两个税种组成，即企业所得税和个人所得税。这种税制安排，不利于税收中性。

在特种税的选择上，功能并没有划分清楚，重复征税严重。例如，在消费税中列有汽油、轮胎等税目，但另外还有车船税、车辆购置附加等税收。实际上，汽油税和轮胎税不应列入消费税，这些税和车船税的性质是一样的，是使用者费的转化形式。因为多用路必定多耗油、多耗轮胎。在消费税中列有烟、酒等税目，但另外还有烟叶税，应该说也是一种重复征税。在生产要素税中，个人所得按收入的次数征税，并区分收入的不同性质，显然不利于公正公平的分配。在生产要素特种税中，涉及土地及其收益的税收特别多，这可能与我国的公有制有关。但如何简化税制的问题不容忽视。

3. 现行分税方式不利于公共预算中性

现行分税制把商品劳务一般税中的增值税作为中央和地方的"共享税"，把生产要素一般税中的企业所得税作为中央和地方的"共享税"，而把个人所得税作为地方税。这种分税方法严重影响预算中性。把本质上属于中央税的税种作为"共享税"处理，实际上有转移支付的性质。事实上，"共享税"成为地方税收收入增长的重要源泉，也成为地方之间恶性竞争的一个重要因素。地方增加共享税数量的最好方法是招商引资，而地方的资源是"土地"，这就是所谓土地财政。土地财政的称谓不准确，实际上是通过让渡土地级差收益的方法招商引资。地方经济好像发展快了，但从全国来看，资源配置效率反而降低了。

4. 现行的转移支付制度是非中性的

由于缺乏公共预算硬约束的制度安排，因此，没有一般税用于一般公共商品支出、特种税用于特种公共商品支出的制度安排，导致公共预算内部各种收支之间的软约束，严重影响预算的透明度。我国的转移支付制度至少存在以下四种形式："共享税"式的转移支付、体制分成、一般转移支付和专项转移支付。由于转移支付制度不规范，既不利于制度透明，又不利于国民经济的协调发展。

（三）公共财政微观风险的表现形式

1. 税制的非中性风险

税制中性是市场经济体制的基本要求。税制中性是指税收制度对市场经济资源配置不产生影响，这是市场在资源配置中起决定性作用的必要条件。如果税制是非中性的，相当于政府的税收是形成垄断的原因，这必然导致资源配置效率下降。

税制非中性的原因很多，可能是税种设置不合理，也可能是主税种设置不合理，还可能是税负结构不合理，还有可能是各种因素的综合等。税收的非中性必然导致效率下降。

2. 税收调节风险

税收是调节收入分配的重要杠杆。税收调节有两个重要原则：一是能力原则，即能力强的多纳税，能力弱的少纳税；二是公平原则，即相同的税基缴纳相同的税收。如果税收调节达不到目标，甚至违背上述目标，那么就是税收的逆向调节，也就是税收调节的风险所在。

3. 分税非中性风险

分税是指对税制中的税种收入权进行中央和地方之间的划分。收入权属于中央的税种为中央税收入权，属于地方的税种为地方税。这就是说分税有两个条件：一是税种；二是税种的收入权。

分税是应该按税种的特点来划分的，目的是保证预算中性。预算中性是公共经济效率的基本要求。从整个预算看，公共预算对市场经济的影响是中性的；从结构看，各级政府的预算对市场经济的影响也是中性的。

分税风险就是分税的非中性，导致地方之间税收分配的不公。这使公共经济的微观制度安排难以保证公共劳务均等化。

4. 转移支付非中性风险

转移支付是实现公共劳务均等化的重要手段。这里首先要明确税收收入权和税收所有权的关系。税收收入权不等于税收所有权，税收的所有权属于全国人民。之所以要区分为中央税和地方税是为了预算中性和预算效率。对于中央税来说，不仅要满足中央政府本级财政的支出需求，还要满足全国范围内的公共劳务支出需求。这就是说，中央税有一部分应该用于转移支付，保证公共劳务均等化。省级政府同样如此，直到最基层的地方税收入才是该辖区居民所有。

从预算中性的角度看，一般转移支付的税收来源和专项转移支付的税收来源应该是不同的。因此，应该建立基金制，确保转移支付中性和预算中性。在市场经济体制中，一般转移支付制度是制度稳定的基础；专项转移支付制度是解决特殊问题的，应该是一般转移支付的补充。

如果转移支付制度扭曲，那么必然扭曲预算中性。制度也就难以保证公共劳务均等化，就要依赖相机抉择的专项转移支付来解决。这必然导致制度更不稳定，产生风险。

5. 区域间税收竞争风险

我国现行的分税制财政体制，带有"包干"的特征。这种制度安排必然导致地区间的恶性竞争。竞争和合作是效率的两个方面。现行的分税制财政体制只强调竞争出效率，不重视甚至完全忽视了合作出效率的问题。地区之间的恶性竞争既使资源配置效率损失，又加重了中央宏观调控的压力。

6. 公共财政缺乏透明度风险

市场经济属于个人选择的范畴，公共财政属于公共选择的范畴，这是两种根本不同的决策方式。对于个人选择来说，决策是"黑箱"，即个人在选择私人商品时，不需要了解他的思想活动过程，因为货币交换清楚地表达了他的偏好。市场经济的效率就是以个人选择为基础的。公共选择是公共需求，如果每个人不预先表达他的需求，就无法知道公共需求。因此，公共需求的决策方式必须"白箱"。这是公共财政需要透明的重要特征。不仅如此，公共需求还是市场选择的重要信号。

如果公共财政缺乏透明度，那么对于法治化的要求来说就是风险。

二、 公共财政微观风险的内容

分税制财政体制是公共经济微观制度安排中的核心制度，它决定公共经济的行为方式和市场经济在资源配置中的地位。这一制度安排由税制、分税和转移支付制度构成。其中，税制是基础，分税和转移支付制度是确保预算中性的制度安排。

公共财政微观风险是指分税制财政体制偏离市场经济体制要求的状况。对微观风险进行评估，有利于制度安排的改进。

(一) 我国增值税的非中性风险评估

1. 增值税非中性风险评估的必要性

增值税在我国税制安排中占有极其重要的地位，是税制中性以及预算中性的基础性制度。因此，对增值税的非中性风险评估是非常必要的。

我国增值税制度的建设分为三个阶段：第一阶段是 1979—1993 年，为了实现工业的专业协作化，开始在有限的几个城市的几个行业推行增值税试点，随后逐步扩围；第二阶段是 1994—2003 年，开始全面推行增值税，使其成为商品劳务税中最主要的税种；第三阶段是 2004 年至今，通过转型和扩围，使其成为更符合现代增值税特征的税种。①

避免重复征税是增值税的主要优点。同时，增值税还是促进自由贸易的政策工具，通过对关税造成的收入损失进行补贴，增值税可以使生产者价格和世界价格保持一致，从而提高国内企业的生产效率。但是增值税也存在一些潜在的缺点，比如交易链条的断裂、退税体制不完善等都不利于增值税效率优势的发挥。② 除此之外，增值税对非正式经济部门也可能产生不利的影响。③④⑤ 这说明，增值税的功能很大程度上取决于增值税制度的安排。

直到增值税转型的正式实行，我国长期实行生产型增值税，并且对内外资抵扣资本存在不同的规定，不但造成了生产要素不合理的配置，也造成了内外资企业的税负不公。⑥增值税转型显著地促进了企业对固定资产的投资，提高了企业的资本劳动比和生产率。⑦最后，在现有的分税制财政体制下，增值税对地方政府的行为也产生了影响。尽管有学者指出，增值税虽为共享税，但由国税系统征收，地方政府将增值税作为税收竞争的空间很小。⑧ 但一些实证结论显示，增值税存在显著的辖区竞争。这说明，在信息不对称的情况下，地方政府总是可以通过执行以及其他办法来实现实际的增值税税收竞争。⑨ 增值税的辖区竞争减轻了企业的负担，增强了本地区经济的竞争力。⑩

---

①韩绍初 . 现代型增值税的特点及对我国增值税制改革的建议 [J] . 涉外税务, 2010 (9)：13-18.

②DesaiM. A, Foley CF, JrJR. The demand for tax haven operations [J] . Journal of Public Economics, 2006, 90 (3)：513-531.

③Piggott J. , Whalley J. VAT Base Broadening, Self Supply, and the Informal Sector [J] . American Economic Review, 2001, 91 (4)：1084-1094.

④Emran M. S. , Stiglitz J. E. On Selective Tax Reform in Developing Countries [J] .2005, 89 (4)：599-623.

⑤Keen M. VAT, tariffs, and withholding：Border taxes and informality in developing countries [J] .2008, 92 (10-11)：1892-1906.

⑥杨斌, 龙新民, 李成, 等 . 东北地区部分行业增值税转型的效应分析 [J] . 涉外税务, 2005 (06)：9-15.

⑦聂辉华, 方明, 李涛 . 增值税转型对企业行为和绩效的影响——以东北地区为例 [J] . 管理世界, 2009 (5)：17-24.

⑧谢欣, 李建军 . 地方税收竞争与经济增长关系实证研究 [J] . 财政研究, 2011 (1)：65-67.

⑨郭杰, 李涛 . 中国地方政府间税收竞争研究——基于中国省级面板数据的经验证据 [J] . 管理世界, 2009 (11)：54-64.

⑩李涛, 黄纯纯, 周业安 . 税收、税收竞争与中国经济增长 [J] . 世界经济, 2011, 34 (04)：22-41.

2. 我国增值税制度非中性风险的定性评估

增值税是商品劳务税中的一般税。由于在我国的税收研究中没有采用一般税和精选税的概念，因此，我国增值税制度安排的非中性长期不被重视。一般税和精选税是在税基分类基础上形成的概念。从资金循环的特点看，一类表现为商品劳务的价值；另一类表现为生产要素的价值。因此，从资金循环的角度看，税收可以分为两大类：商品劳务税和生产要素税。商品劳务税就是对商品劳务的价值征税，生产要素税就是对生产要素的价值征税。为了保证税收中性，就要对所有商品劳务价值和生产要素价值征税。这种对某类税基普遍课征的税称为一般税。

实际上，我国的增值税严格来说并不是一个税种，因为我国的增值税纳税人分为一般纳税人和小规模纳税人两种。前者的税基是商品价值的增值额，后者的税基仍然是商品价值全额。虽然后者的税率按增值税税率调整，但难以做到税负公平。

（二）税收调节收入分配风险评估

根据公平原则和能力原则，应该是相同的税基缴纳相同的税收和纳税能力强的多纳税、纳税能力弱的少纳税，没有能力的不纳税。这也表明税收调节收入分配的方向。如果税收的实际执行结果违背上述原则，那就产生税收调节收入分配的风险，即产生了违背调节目标的逆向调节。

1. 税收的调节功能

（1）税收在初次分配中的调节功能

经典的三次分配理论大致是再生产中的初次分配、再次分配和第三次分配。初次分配是市场经济领域的分配，收入分配隐含在资源配置之中。再次分配是在初次分配的基础上，政府再次进行收入分配，目的是弥补市场经济在收入分配中存在的问题。第三次分配是指在前两次分配的基础之上，由第三部门进行的收入分配。所谓第三部门，是指既不属于市场经济部门，也不属于公共经济部门，例如慈善组织的分配行为。在我国现行制度体系下，税收重点参与的是前两次分配，对第三部门分配的调节功能有限。

税收在初次分配中主要对市场上形成的收入分配结果进行间接干预，干预的税种形式是间接税，包括增值税、消费税、关税、资源税、城市维护建设税、教育费附加等税种，其中调节收入分配效果较为明显的税种为消费税、资源税。

在经济发展的初期中，政府的作用增强一定程度是有益的，但是，随着税收对政府收入的影响不断提高，公共经济的比重越来越重，就压缩了私人经济的作用空间，不利于效率的提高，而且也不利于收入差距不断拉大不利状况的改善。政府部门挤压企业部门的收入空间，甚至政府部门收入超过企业部门，其实都不是正常的收入状况。

（2）税收的再分配功能

税收在再次分配中主要对市场上形成的收入分配结果进行直接干预，干预的税种形式是直接税，包括企业所得税、个人所得税、房产税、城市房地产税、车船使用税等税种，其中调节收入分配效果较为明显的税种为个人所得税。

（3）税收调节功能的测量

税收调节功能可以通过税前和税后的比较来看税收的调节作用。这些指标包括基尼系数、收入均等指数、库兹涅茨比率、阿鲁瓦利亚指数等，这些指标的变化从不同的方面揭示了税收对收入差距的影响。

虽然我国城镇居民低收入阶层的收入状况在不断改善，但是高收入阶层的收入增长情况更好，造成了收入差距的逐年拉大。但是，每年的税后收入不良指数比税前收入不良指数的数据要小一些，说明税收在缩小最高收入阶层和最低收入阶层之间的收入差距上具有一定的作用，但是数据差额较小，说明作用不是特别大。

2. 税负风险评估

税负是指纳税人承担的税收状况，讲的是税负水平在纳税人和国家之间的分配关系。税负水平是指税收负担的数量，确切地说是税收收入占经济产出的比重，衡量的是税收对纳税人的影响程度，水平越高税负越重，纳税人的收入水平受到的影响越大，反之亦然。税负水平对不同纳税主体收入有重大的影响，造成不同主体间的收入差距扩大或者缩小，这一点可以用实证分析的方法来检验。

（1）宏观税负评估

对国民收入进行分析时，一般分为政府、企业和居民三大部门。在总量一定的前提下，某一个或两个部门的比重增大，必然造成另外部门的比重减少。在分析收入分配结果时，我们可以将企业和居民部门的比重合并变为非政府部门，用宏观税负来衡量政府部门的比重，进而得出政府和非政府部门间税收的影响情况，分析出税收对公共部门和市场部门间的收入影响。宏观税负是一国一地区一年内税收收入总额和国内生产总值之间的比值，比值越高，说明国民收入中政府所占的比重越大，相对的企业和居民所占的比重就越小。

（2）中观税负评估

分析我国的中观税负状况，可以从三大产业间的税收负担比重、各大行业间的税收负担差异，以及不同地区间的税收负担平衡度入手来考察税收对不同产业、行业以及地区的收入调节作用。

3. 税种调节风险评估

要考察税种设计是否对收入存在逆向调节，可以考察不同税种的税负在不同居民收入户中的最终归宿情况。高收入户的税负情况、低收入户的税负情况，然后两者进行比较得出直观上的税负差距程度，税负多的调节力度就大。最后通过税前、税后基尼系数的变化得出某一税种体系的税收累进程度。税种分类方面，可以采用最传统的流转税系、所得税系、财产税系方式进行分类。

（三）财政体制风险评估

财政体制是公共经济中的核心制度安排。这一制度安排不仅涉及公共经济和市场经济的关系问题，而且涉及地区间均衡发展问题。税制、分税和转移支付是财政体制的重要构件。我国的税制安排和分税方法不利于地区间的均衡发展，因此，转移支付调节地区间均衡发展的压力很大。我们既需要考虑到导致中央和地方纵向不均衡的制度因素，也要考虑到转移支付制度自身的不完善程度。

1. 中国地区间发展不均衡的现状

我国地方之间财力不均衡的情况差别很大，并且逐年差距有拉大的趋势。但在制度安排中对于税制中性、分税中性、转移支付中性和预算中性的考虑不够，甚至被完全忽视。因此，这一体制实行以来，地区间发展不平衡的问题越来越突出。这导致转移支付承担地区间均衡发展的压力过大。这对于制度的不规范更加严重，违背市场经济体制有序化的原则。

2. 财政体制对中国区域发展不均衡风险的评估

（1）影响地区间发展不平衡的因素：

一是财政分权。我们用支出分权度反映地方政府和中央政府间财政支出责任的划分，用各地方政府的支出衡量其在资源配置中的基本情况。一般情况下，地方支出占全国总支出的比重说明其资源配置的状态。在以资源投入拉动经济增长的模式下，资源配置差异越大，地区经济发展的不均衡度越大。两者应该是正向的关系。

二是全国市场化率。一般来说，市场化率越高的地区，对外贸易越活跃，其经济发展的活力越大。该指标可测度对外贸易与地区发展不平衡之间的关系。

三是对外开放度。该指标说明国有经济和非公有制经济之间的关系，这对地区经济的发展有重要影响。

四是产业结构。地区产业结构指一个地区直接或间接生产物质资料的部门之间的关系。不同地区主要生产部门的类别差异很大，其产业结构差异比较大。东、中、西部地区的产业结构差异表现在，西部地区以制造业为主，东部地区以服务业为主，中部地区以农业为主。我国工业生产在地方经济发展中仍然占有很重要的地位，而且是地方税收收入的主要来源，因而对地区经济发展不均衡影响程度较高。

五是人口密度。人口密度与地方经济发展理论上存在正向关系，因为人力资源越丰富的地区创造财富的能力越大。

六是城镇化率。城镇化是拉动经济增长的引擎，城镇化率越高的地区经济密度越高、强度越大，地区也越富裕，因而城镇化与地区发展不均衡理论上有密切关系。

（四）地区间财政竞争风险评估

由于我国现行的分税制财政体制具有包干的性质，因此，地区间的财政竞争可能导致资源配置无效率的风险。我国现行的分税制财政体制只重视地方之间的竞争，不重视甚至忽视地方之间的合作。效率是经济学需要解决的重大问题。怎样才能有效率？一是竞争；二是合作。马歇尔早就说过，竞争未必有效率，合作未必没有效率。只有正确处理好竞争和合作的关系，才能达到效率的最佳状态。我国目前地方之间存在过度竞争的情况，可能导致资源配置无效率的风险。

在现行体制中，增值税和企业所得税是共享税，是地方财政收入增长的重要源泉。这种体制是激励地方政府加速投资的体制，只有投资增长速度超过其他地区，该地的经济增长速度和财政收入增长速度才可能超过其他地区。

对于投资来说，资本积聚远胜于资本积累。因此，各地区的招商引资是增加地方投资的重要手段。对于地方来说，招商引资有两个办法：一是利用税收优惠吸引资金；二是利用"土地财政"吸引资金。前者可能导致税负不公平，后者可能导致土地利用的无效率。招商引资产生地方的规模经济，即不仅投资导致经济增长，而且使原有资本存量的产出率提高。因此，地区间招商引资的竞争取决于两个因素：投资的规模经济和投资者的收益。地方资本集中的规模效率越高，对投资者的优惠就可以越多，投资者的收益也就会越高，投资竞争就越可能获得成功。对投资者的税收优惠是地方投资竞争的主要手段。虽然对投资者有大量税收优惠，但表现出来的是地方税收收入增长之间的竞争。地方之间的财政竞争表现为地方之间的绝对税收竞争和相对税收竞争两种类型。

绝对税收竞争是指采取降低税负、增加税基的方式增加地方税收收入。这主要发生于地方税之间的竞争，例如资源税、个人所得税等。虽然地方税税负下降了，但税基的绝对量增加了，地方税收收入总量也就增加。相对税收竞争是指采取降低税负、增加规模效应的方式增加地方税收收入。这主要发生于共享税之间的竞争。共享税是地方财政收入的主要来源，也是企业的主要税收负担。对共享税收优惠是吸引投资的重要手段，因此，新增投资能否提高地方的规模经济是税收竞争的主要约束力。这种依靠提高地方规模效率的税收竞争称为相对竞争。

根据现行分税制财政体制的制度安排，实现本辖区内的经济增长，追求更多的税收剩余成为地方政府行政官员的一个重要施政目标。短期内，实现经济增长最主要的途径是增加投资以形成实物资本，资本的重要特性就是追求税后净利润最大化，地方政府若要尽可能吸引更多的资本，现实可取的经济手段就是税收，从而，一场地区间经济增长的竞争就可能伴随着地方政府间过度的税收竞争。

我国地方政府之间存在税收竞争关系，并且税收竞争有绝对竞争和相对竞争两种类型。由于我国的制度安排与西方国家根本不同，因此，税收竞争的方式是完全不同的过度竞争。

地方税收绝对竞争主要发生在个人所得税、城市维护建设税以及房产税上，降低增值税和企业所得税税负是地方招商引资的主要手段。竞争能力和地方的规模经济效率成正比。

地方政府间税收竞争的影响因素是很多的，地方的市场化程度和地方的规模经济效率与地方之间的税收竞争呈正相关关系。

现有的税收竞争是现有体制的产物，这种路径依赖进一步强化了地方之间的税收竞争，进一步加剧了地区之间的不平衡，进一步加重了中央政府宏观调控的责任。这蕴含了分级管理体制受到了挑战。我们认为，要解决这种不良循环，就必须完善我国的财政体制，建立既有竞争，又有合作的分税制财政体制。

（五）分税和转移支付制度的风险评估

分税制财政体制是公共经济中的核心制度安排。这一制度安排不仅决定公共经济的行为方式，而且决定市场经济的效率状况。这是因为经济中需要解决的效率、公平和稳定问题都在政府公共预算中得到了集中反映。理论上说，分税制财政体制是界定政府功能边界的制度安排，通过"税制""分税"和"转移支付"制度来确保市场经济在资源配置中的决定性作用地位，同时也是经济稳定增长的重要保证。也就是说，这一制度安排要有内在稳定功能，以便微观制度的相对稳定。缺乏内在稳定功能就可能导致制度风险。

1994年实行的分税制财政体制在形式上是按照市场经济体制的要求设计的。当时以提高财政收入占国民生产总值的比例和中央财政收入占全国财政收入的比例为重点，没有充分考虑自动稳定经济的机制。

我国的税制结构是双主体的，增值税和企业所得税是税收收入的主要来源。这两个税种的税基都属于经济流量。在发达国家通常做中央（联邦）税处理，但规定一定的比例作为转移支付的基金来源。这个一定的比例是可以通过经验数据确定的，假定增值税是25%，所得税是50%的比例可以满足这个要求，那么25%的增值税和50%的企业所得税则形成转移支付基金。这个基金就是中央向地方分配转移支付资金的来源。中央根据地区均衡发展的要求分配这笔基金。所谓按均衡发展的要求，是指按地方的自有收入及努力程度，同时考虑地方的支出需求来分配这笔转移支付基金的。也就是说，地方获得转移支付的量和地方的增值税、所得税的数量无关。因为转移支付主要解决公共劳务均等化的问题，因此地方通过努力自有收入越少的地方可以获得的转移支付越多，自有收入越多的地方获得的转移支付就越少。这就是转移支付的经济稳定机制。这类转移支付的数量大，有分配公式，是转移支付的主要形式，称为一般转移支付。这样安排转移支付是有理论根据的。

增值税和所得税的税基是流动性的，纳税人和地方公共劳务之间并没有对应关系。例如，最终消费者是增值税的实际负税人，消费者遍布各地，因此以一定比例用于转移支付是合理的。企业所得税是一个中间层次，对于发达国家来说，因为是私有制，可以把税收量化到个人。所有者未必是当地的居民是明显的事实，因此以一定比例用于转移支付也是合理的。更何况，我国是公有制国家，所得税以一定比例用于转移支付更是应该的。

但我国把增值税和企业所得税作为"共享税"处理，即地方可以从这两个税种的收入中获得固定的份额。这种"共享税"的分税方法极大地激励地方发展经济的积极性。这是因为地方经济增长越快，地方自有收入的增长也越快。但在市场化改革的进程中，地方政府直接投资营利性行业的机制已不存在。地方政府大力投资于基础设施，改善投资环境，招商引资。近年来的"土地财政"就是这样发展起来的。"土地财政"的说法并不贴切。实际上，地方政府是利用级差地租进行招商引资。这种级差地租来源于土地利用方式的改变，一是把农用土地改为工商用地，二是把城镇的居民住房消费用地改为工商用地，都会产生级差地租。这个级差地租就是地方招商引资可以让渡的利润。显然，越是发达地区，级差地租越高，招商引资的能力越强。这样地方自有财政收入的增长和经济增长是完全同步的。也就是说，分税制财政体制中缺乏经济内在稳定的机制。这里试图对这一制度安排的可能风险进行评估。

在我国的转移支付制度中，一般转移支付的数量并不大，但专项转移支付的名目不断增多，数量不断增大。我们在下面的实证分析中，并没有把一般转移支付和专项转移支付分开。因此，实证的结果表明，我国的转移支付是起稳定经济的作用的，但主要是专项转移支付在起作用。专项转移支付属于相机抉择的范畴，地方经济的发展过分依赖于中央的相机抉择是不利于制度稳定和经济稳定的。

第四章　课税税收

第一节　货物和劳务课税

我国现行税制中主要有流转课税、所得课税、资源课税、财产课税和行为课税五大类税种。其中，流转课税（又称"商品课税"），是指以商品交换和提供劳务为前提、以商品流转额和非商品流转额为课税对象的税种。我国现行税制中属于流转税的税种有增值税、消费税和关税。

一、货物和劳务税的含义和一般特征

货物和劳务税泛指所有以货物和劳务为征税对象的税类。就我国现行税制而言，包括增值税、消费税和关税。[①]

（一）货物和劳务税的含义

货物和劳务税是指对商品的流转额和非商品营业额（提供个人和企业消费的商品和劳务）课征的各税种的总称，在国际上也通称为"商品和劳务税"，也简称为"货劳税"，它与财产税和所得税共同构成当代税收的三大体系，是各国取得财政收入的主要手段。

货劳税的计税依据是商品或劳务流转过程中发生的毛收付额，因而货劳税也被称为"流转税"。由于 2016 年 5 月 1 日全面推开"营改增"之后，营业税退出历史舞台，现行税制中的流转税主要包括增值税、消费税和关税三个税种。货劳税的各税种之间联系密切，各税种覆盖了商品的生产、交换、分配和消费等环节，这使得只要发生市场交易行为就要课征货劳税，因而有力地保证了国家获得大量稳定的税收收入。我国在 20 世纪 50 年代开征货劳税，经过 1989 和 1994 年两次税制改革，货劳税的主体税种地位得到了加强。

（二）货物和劳务税的一般特征

货物和劳务税同其他税类相比，具有以下四方面的特性：

---

①蔡秀云，李红霞.财政与税收［M］.北京：首都经济贸易大学出版社，2018：191.

1. 课税对象是货物和劳务

货劳税是对物税，其课税对象是货物和劳务，而不是所得和财产，这是货劳税与所得税和财产税的重要区别。

2. 以流转额为计税依据

货劳税的计税依据是商品或劳务的流转额，即商品或货物流通、转让的价值额。这里的流转额既可能是流转总额（如销售额、营业额等），也可能是流转的增值额，由此也就形成了货劳税各个税种之间的主要差别。

3. 存在重复课税

一般来说，货劳税存在多环节课征问题，即每一商品进入最终消费者手中都要经过多道环节，每道环节都有可能征税。而消费税与增值税构成对流转额交叉征税（双重征收）的格局。缴纳增值税的货物并不都缴纳消费税，但缴纳消费税的货物都是增值税征税范围的货物。因此，许多商品会存在重复课税问题（"营改增"后增值税从原理上说可以解决营业税导致的重复征税问题，但仍存在增值税与消费税间重复征税的问题）。

4. 税负容易转嫁

由于货劳税是在商品流通中进行的，所以货劳税是典型的间接税。只要商品能够销售、流转，则税负即可转嫁，故纳税人会很容易通过提高商品价格或压低购进价格，将税负转嫁给购买者或供应商。

二、增值税

（一）增值税的概念与特点

1. 增值税的概念

增值税是对商品生产与流通中或者提供劳务过程中实现的增值额征收的一种税，它在20世纪 50 年代由法国财政部官员法里斯·劳拉首先提出并率先在该国实行，后被世界许多国家普遍采用。

增值税是以增值额为课税对象的一种流转税。就计税原理而言，增值税是对商品生产和流通过程中各环节的新增加值或商品附加值进行的征税，所以称之为"增值税"。这里的增值额是指纳税人在一定时期内所取得的商品销售（或提供劳务）收入额大于购进商品（或取得劳务）所支付金额的差额。

从马克思的劳动价值理论上看，增值额相当于商品价值〔W（$W=C+V+M$）〕扣除在商品生产过程中所消耗的生产资料转移价值（C）的余额，即由劳动者在生产经营过程中新创造的价值（V+M），这部分由劳动者所创造的新价值被称为增值额。

我们从一个生产经营单位来看，增值额是指该单位商品销售收入额或营业收入额扣除生产该商品所消耗的外购原材料、辅助材料等价款后的余额，也就是商品生产经营中的进销差。如果从商品生产经营的全过程来看，一件商品最终实现消费时的最后销售额，相当于该商品从生产到流通各个经营环节的增值额之和。

2. 增值税的特点

（1）增值税的基本特点

增值税是社会化大生产发展到一定阶段的产物，是对传统以销售收入全额为课税对象的商品税制度的改革，更适应经济日益社会化、专业化和国际化的要求。增值税以销售或进口货物、提供加工修理修配劳务的增值额为课税对象，在吸收传统商品税的优点的同时，也呈现出如下特点。

第一，按增值额征税，避免重复征税。增值税是一个多环节连续课征的税种，因其仅就商品销售额中的增值部分征税，避免了征收的重叠性。这是增值税最本质的特点，也是增值税区别于其他流转税的一个最显著的特征。这说明增值税的征收，对任何缴纳增值税的人来说，只就本纳税人在生产经营过程中新创造的价值征税，对以前环节已征过税的部分不再征税，即只就本环节生产经营者没有纳过税的新增的价值征税，从而有效地解决了重复征税问题。

第二，具有征收的广泛性。从计税原理上说，增值税是对商品生产、流通和劳务服务中多个环节的新增价值或商品的附加值征收的一种流转税。从征收面看，增值税具有征收的广泛性。凡是纳入增值税征收范围的，只要经营收入具有增值额就要征税。因此，增值税的课税范围涉及商品生产、流通的各个领域。所有从事货物销售和提供应税劳务的生产经营者，都必须缴纳增值税，从而使它成为对生产经营实行普遍调节的一个中心税种，有利于保证财政收入的稳定、可靠。这已经被实行增值税的国家（如欧盟各国）所证明。

第三，具有税收中性。税收中性是指政府课税并不对纳税人有效率的经济决策产生干扰，从而不至于使纳税人在支付税款之外，还要因纳税而不得不改变自己有效率的生产、投资或消费等经济行为而蒙受损失。因为增值税是对商品的增值部分征税，所以避免了重复征税。就同一商品来说，它的总体税负是由各个经营环节的税负累积相加而成的。如果使用相同税率的商品最终售价相同，其总税负就必然相同，而与其经过多少个流转环节无关。而在现实中，很多国家对绝大多数商品与劳务按一个统一的基本税率征税，这就使增值税对经济活动的干扰减弱，对资源配置不会产生扭曲性影响，也使得增值税有利于企业结构优化，有利于建立公平税负、平等竞争的市场经济机制。

（2）我国增值税的特点

我国增值税是对在中华人民共和国境内销售货物或者提供加工、修理修配劳务以及进口货物的单位和个人，就其取得的货物或应税劳务的销售额以及进口货物的金额计算税款，并实行税款抵扣制的一种流转税。我国在 1994 年的税制改革中，对原有增值税制度进行了各方面的修改，形成了中国特色的增值税制度，其主要特点表现在以下几个方面。

第一，价外计税。价外计税是指以不含增值税税额的价格为计税依据，即在销售商品时，增值税专用发票上要分别注明增值税税款和不含增值税的价格，以消除增值税对成本、利润和价格的影响。

第二，专用发票抵扣法。我国增值税实行凭发票注明税款进行抵扣的制度，即企业对外销售应税货物或劳务时，必须向购买方开具增值税专用发票，并在开出的专用发票上注明价款和税款，购买方可据销售时增值税专用发票上记载的销项税款与购买时所付进项税款核定企业当期应纳的增值税。增值税专用发票避免了重复征税现象，明确了购销双方之间的纳税利益关系。

第三，对于不同的纳税人实行不同的税款计征和管理办法。由于我国增值税实行专用发票抵扣制，因此，要求纳税人会计制度健全。但是，鉴于我国中小企业多，会计核算水平参差不齐，《中华人民共和国增值税暂行条例》将纳税人按经营规模大小及会计核算健全与否分为一般纳税人和小规模纳税人两种，对一般纳税人采用购进扣税法计算征税，对小规模纳税人采用简易征税办法计税。

第四，实行生产型增值税。目前，我国仍实行生产型增值税，即只对企业外购的原材料、燃料、动力、包装物和低值易耗品等的进项税款准予抵扣，对外购固定资产所含税金不允许抵扣。2004 年 1 月 1 日，我国对东北地区包括装备制造业、汽车制造业等在内的八个行业实行由生产型增值税向消费型增值税转型的试点，2007 年又在中部部分省市进行转型试点。2009 年 1 月 1 日，全国所有地区、所有行业全面实施增值税转型改革，实行消费型增值税。

2016 年 5 月 1 日起，"营改增"全面推行，试点范围扩大到建筑业、房地产业、金融业、生活服务业，并将所有企业新增不动产所含增值税纳入抵扣范围，确保所有行业税负只减不增。

（二）增值税的类型

各国的政治经济状况不同，作为征税对象的增值税在计税依据的确定上与理论增值额上有一定的差别。从各国的实践来看，作为计税依据的增值额是指法定增值额。所谓法定增值额，就是各国政府税法中所规定的据以计算增值税应纳税额的增值额。这种增值额可以大于或小于理论上的增值额。一般情况下，实行增值税的国家在计算法定增值额时，对外购原材料、燃料、辅助材料等流动资产价款都允许抵扣，但是在计算应纳税额时，对于外购的固定资产已纳税额的抵扣，各国的规定则不尽相同，增值税也因此而分为三种不同的类型。

1. 消费型增值税

消费型增值税在计算增值额时，在对外购原材料、燃料、辅助材料等流动资产价款都允许抵扣的同时，允许将当期购入的全部固定资产已纳税金一次性全部扣除。对企业来说，用于生产的全部外购生产资料价款均不在课税范围之内；对于整个社会而言，实际上相当于只对消费资料征税，对生产资料不征税，所以称之为消费型增值税。消费型增值税最能体现按增值额征税的计税原理，有利于鼓励投资，加速设备更新。西方国家多采用这种类型的增值税。我国已从 2009 年 1 月 1 日起实行消费型增值税。

2. 收入型增值税

收入型增值税在计算增值额时，在对外购原材料、燃料、辅助材料等流动资产价款都允许抵扣的同时，只允许将当期固定资产折旧从销售额中予以扣除。也就是说，法定增值额大体相当于纳税人当期工资、利润、利息、租金等项目之和。就整个社会而言，其增值部分实际相当于国民收入，所以称之为收入型增值税。用公式可以表示为：

增值额=销售收入−外购商品及劳务支出−折旧

=工资+租金+利息+直接税+利润

从理论上说，收入型增值税的法定增值额与理论增值额一致，属于一种标准的增值税。但由于固定资产价值的损耗与转移是分批分期进行的，而在转移过程中没有任何凭证，凭发票扣税法在实际操作中很难实现，所以，采用收入型增值税的国家较少，只有阿根廷、摩洛哥和部分原实行计划经济的中东欧国家采用。

3. 生产型增值税

生产型增值税在计算应纳税时，除对外购原材料、燃料、辅助材料等流动资产价款都允许抵扣外，不允许抵扣任何外购固定资产的价款（包括折旧）。生产型增值税对企业外购的原材料、燃料、动力、包装物和低值易耗品等的进项税款都准予抵扣，对固定资产的税金不予抵扣。从国民经济整体而言，其增值部分实际相当于国民生产总值，故称之为生产型增值税。用公式可以表示为：

增值额=销售收入−外购商品及劳务支出

=折旧+租金+利息+直接税+工资+利润

这种增值税存在明显的重复征税现象，不利于鼓励投资，所以，目前只有印度尼西亚等国采用。

（三）增值税的征收制度

1. 征税范围和纳税人

（1）征税范围。根据 1993 年 12 月 13 日国务院颁布的《中华人民共和国增值税暂行条例》的规定，在中华人民共和国境内销售货物或提供应税劳务，发生应税行为以及进口货物，都属于增值税的征收范围。

2016 年 5 月 1 日全面"营改增"之后，增值税征税范围包括：①销售货物；②提供加工修理修配劳务；③销售服务；④销售无形资产；⑤销售不动产；⑥进口货物。增值税的征税范围已经包含了生产、流通、服务领域。

（2）纳税义务人。《增值税暂行条例》规定：凡在中华人民共和国境内销售货物或者进口货物、提供应税劳务和销售服务、无形资产和不动产的单位和个人，为增值税的纳税义务人。这里的"单位"包括企业和行政单位、事业单位、军事单位、社会团体等非企业性单位。个人是指个体工商户和其他个人。以承包、承租、挂靠方式经营的，承包人、承租人、挂靠人（以下统称"承包人"）以发包人、出租人、被挂靠人（以下统称"发包人"）名义对外经营并由发包人承担相关法律责任的，以发包人为纳税人；否则，以承包人为纳税人。

（3）扣缴义务人。境外的单位或个人在境内销售应税劳务而在境内未设有经营机构的，其应纳税款以购买方为扣缴义务人。

2. 征税对象

一般规定的具体内容如下。

（1）销售或进口货物。销售货物是指在生产、批发、零售环节有偿转让货物的所有权。"有偿"不仅指从购买方取得货币，还包括取得货物或其他经济利益。"进口"是指申报进入我国海关境内。而"货物"则是指有形动产，包括热力、电力和气体在内，但是不包括土地、房屋和其他建筑物。

（2）提供加工、修理修配劳务。"加工"是指受托加工货物，即委托方提供原料、主要材料，受托方按照委托方的要求制造货物并收取加工费的业务；"修理修配"是指受托对损伤和丧失功能的货物进行修复，使其恢复原状和功能的业务。但单位或个体经营者聘用的员工为本单位或雇主提供的劳务，不属于增值税征收范围。

（3）提供应税服务。自 2016 年 5 月 1 日起，"应税服务"是指交通运输业服务、邮政业服务、电信业服务、建筑服务、金融服务、生活服务和部分现代服务业服务：①交通运输业服务是指使用运输工具将货物或者旅客送达目的地，使其空间位置得到转移的业务活动，包括铁路运输服务、陆路运输服务、水路运输服务、航空运输服务和管道运输服务；②邮政业服务是指中国邮政集团公司及其所属邮政企业提供邮件寄递、邮政汇兑、机要通信和邮政代理等邮政基本服务的业务活动，包括邮政普通服务、邮政特殊服务和其他邮政服务（不包括邮政储蓄业务）；③电信业服务是指利用有线、无线的电磁系统或者光电系统等各种通信网络资源，提供语音通话服务，传送、发射、接收或者应用图像、短信等电子数据和信息的业务活动，包括基础电信服务和增值电信服务；④建筑服务是指各类建筑物、构建物及其附属设施的建造、修缮、装饰，线路、管道、设备、设施等的安装及其他工程作业的业务活动，包括工程服务、安装服务、修缮服务、装饰服务和其他建筑服务；⑤金融服务是指经营金融保险的业务活动，包括贷款服务、直接收费金融服务、保险服务和金融商品转让；⑥生活服务是指为满足城乡居民日常生活需求提供的各类服务活动，包括文化体育服务、教育医疗服务、旅游娱乐服务、餐饮住宿服务、居民日常服务和其他生活服务；⑦部分现代服务业服务是指围绕制造业、文化产业、现代物流产业等提供技术性、知识性服务的业务活动，包括研发和技术服务、信息技术服务、文化创意服务、物流辅助服务、租赁服务、鉴证咨询服务、广播影视服务、商务辅助服务和其他现代服务。

（4）销售无形资产。这是指转让无形资产所有权或者使用权的业务活动。无形资产是指不具有实物形态，但能带来经济利益的资产，包括技术、商标、著作权、商誉、自然资源使用权和其他权益性无形资产。

（5）销售不动产。这是指转让不动产所有权的业务活动。不动产是指不能移动或者移动后引起性质、形状改变的财产，包括建筑物、构建物等。

除了以上的一般规定之外，增值税的征收范围还包括特殊的货物和特殊行为。其中，特殊货物包括货物期货（包括商品期货和贵金属期货）、银行销售的金银、典当业销售的死当物品、寄售业代委托人销售的寄售物品、集邮商品（如邮票、首日封等），以及邮政部门以外的单位和个人销售的集邮商品（如电力公司向发电企业收取的过网费）。特殊行为包括以下几种：

第一，视同销售行为。现行税法规定，单位和个人以下 10 种行为虽然未取得销售收入，但是视同销售货物征收增值税：①将货物交付给其他单位或个人代销；②销售代销货物；③设有两个以上机构并实行统一核算的纳税人，将货物从一个机构移送其他机构用于销售，但相关机构设在同一县（市）的除外；④将自产或委托加工的货物用于非应税项目；⑤将自产、委托加工的货物用于集体福利或个人消费；⑥将自产、委托加工或购买的货物分配给股东或投资者；⑦将自产、委托加工或购买的货物作为投资，提供给其他单位或个体经营者；⑧将自产、委托加工或购买的货物无偿赠送他人；⑨单位和个体工商户向其他单位或者个人无偿提供交通运输业、邮政业和部分现代服务业服务，但以公益活动为目的或者以社会公众为对象的除外；⑩财政部、国家税务总局规定的其他情形。

第二，混合销售行为。混合销售行为是指一项销售行为既涉及货物，又涉及劳务，两者之间有紧密相连的从属关系。如销售家电产品并提供有偿送货服务，就是混合销售行为。

我国税法规定，按照纳税人主营项目划分，混合销售的征税分为按照销售货物征税和按照销售服务征税。从事以货物生产、批发或零售为主的企业、企业性单位及个体经营者的混合销售行为，按照销售服务缴纳增值税。

第三，混业销售。混业销售是指纳税人兼有增值税不同税率或征收率的应税项目，即纳税人从事增值税不同税率、征收率的经营活动。混业销售的税务处理要求分别核算不同税率或征收率的销售额，未分别核算销售额的一律从高从重计税。

3. 税率及征收率

我国增值税税率设计是以价外税为基础，遵循中性和简便原则，考虑到大多数纳税人的承受能力等诸多因素确定的。目前，我国对一般纳税人采取四档增值税税率即基本税率和两档低税率以及零税率的模式（自 2017 年 7 月 1 日起，简并增值税税率结构，取消 13% 的增值税税率），对小规模纳税人采用征收率的模式。

（1）纳税人销售或进口货物，提供加工、修理修配劳务，提供有形动产租赁服务，一般实行基本税率 17%（适用低税率和零税率除外）。

（2）纳税人提供交通运输服务、邮政服务、基础电信服务、建筑服务、不动产租赁服务，以及销售不动产、转让土地使用权，实行 11% 的低税率。此外，根据《关于简并增值税税率有关政策的通知》（财税〔2017〕37 号），纳税人销售或进口下列货物，税率为 11%：农产品（含粮食）、自来水、暖气、石油液化气、天然气、食用植物油、冷气、热水、煤气、居民用煤炭制品、食用盐、农机、饲料、农药、农膜、化肥、沼气、二甲醚、图书、报纸、杂志、音像制品、电子出版物。

（3）纳税人出口货物，税率为零，但是国务院另有规定的除外（"国务院另有规定的"是指国家禁止出口和限制出口的部分货物，如矿砂及精矿、铜铁初级产品、原油、车用汽油、煤炭、焦炭、原木、木炭、纸、石灰、尿素产品、杀虫脒、山羊绒、鳗鱼苗、某些援外货物等）。财政部和国家税务总局规定的跨境应税行为，税率为零，主要包括国际运输服务、航天运输服务和向境外单位提供的完全在境外消费的下列服务：研发服务、合同能源管理服务、设计服务、广播影视节目（作品）制作和发行服务、软件服务、电路设计及测试服务、信息系统服务、业务流程管理服务、离岸服务外包业务、技术服务转让。境内单位和个人以无运输工具承运的方式提供的国际运输服务，有境内实际承运人的，适用增值税零税率；无运输工具承运业务的经营者，适用增值税免税政策。

（4）纳税人兼营不同税率的货物或者应税劳务，应当分别核算不同税率货物或者应税劳务的销售额。未分别核算销售额的，从高适用税率。

（5）纳税人提供现代服务（租赁服务除外）、增值电信服务、金融服务、生活服务和销售无形资产（转让土地使用权除外）适用增值税税率为6%的低税率。

（6）增值税小规模纳税人和适用简易征收办法的一般纳税人，适用法定征收率3%（除全面"营改增"适用5%征收率外的货物销售和应税劳务）。

（7）全面"营改增"过程中的特殊项目适用特殊征收率5%：①小规模纳税人销售其取得（含自建）的不动产，应以取得的全部价款和价外费用减去该项不动产购置原价或者取得不动产时的作价后的余额为销售额，按照5%的征收率计算应纳税额；②一般纳税人选择简易计税方法计税的不动产销售；③房地产开发企业中的小规模纳税人，销售自行开发的房地产项目；④其他个人销售其取得（不含自建）的不动产（不含其购买的住房），应以取得的全部价款和价外费用减去该项不动产购置原价或者取得不动产时的作价后的余额为销售额，按照5%的征收率计算应纳税额；⑤小规模纳税人出租其取得的不动产（不含个人出租住房）；⑥其他个人出租其取得的不动产（不含住房）；⑦个人出租住房，应按照5%的征收率减按1.5%计算应纳税额；⑧一般纳税人选择简易计税方法计税的不动产经营租赁；⑨一般纳税人和小规模纳税人提供劳务派遣服务选择差额纳税的；⑩一般纳税人提供人力资源外包服务，选择适用简易计税方法的。

三、 消费税

（一） 消费税的概念和特点

1. 消费税的概念

消费税是对规定的消费品和消费行为征收的一种税。它是当今世界各国普遍征收的一种税，不仅是国家财政收入的一项来源，也是贯彻国家产业政策，调节消费的一种手段。如我国就对奢侈品、高档消费品及资源不可再生性的产品征收消费税。当前，世界上共有120多个国家和地区征收消费税。我国在1994年将消费税作为一个新税种在全国范围内开征。目前，我国的消费税由国家税务总局负责征收管理（进口环节的消费税由海关代为征收管理），所得收入归中央政府所有，是中央财政收入中仅次于增值税的第二大税源。

2. 消费税的特点

消费税与其他商品税相比具有寓禁于征的目的性。而为了实现这一目的，消费税在课税范围、税率和课税环节等方面都有特殊规定，也显示了如下特点：

（1）征收范围具有选择性。消费税不是对所有的消费品和消费行为都征税，只是对所选择的部分消费品或消费行为征税。而所选择的这些消费品基本上具有消费量大、需求弹性大和税源普遍的特点。这主要包括非生活必需品、奢侈品、嗜好品、高能耗消费品、不可再生的资源消费品等。从国际上的实施情况看，大多是在对全部产品征收增值税的基础上，再选择部分消费品征收消费税，互为补充。

（2）征收方法具有多样性。消费税征收范围确定后，根据消费品的不同种类、档次实行不同的征收方法，既有从价定率征收方法，又有从量定额征收方法，还有把从价定率和从量定额的计税方法结合起来的复合计税征收方法。

（3）纳税环节具有单一性。消费税实行单一环节征收（主要是在生产、委托加工或进口环节），这样就可以集中征收，减少纳税人的数量，降低税收成本，防范税收流失，同时也避免了重复征税。

（4）因属于价内税而具有转嫁性。消费税属于价内税，无论在哪个环节征收，纳税人都可以通过提高销售价格的方式将自己所纳的消费税转嫁给消费者。

（5）一般没有减免税规定。开征消费税的目的之一是引导消费结构，对特殊消费品或消费行为进行调节。因此，居民必需消费品就不在消费税的征收范围之内，也就没有必要进行税收减免。

（二）消费税的征收制度

1. 征税范围和纳税人

（1）征税范围。消费税的征税范围是在中华人民共和国境内生产、委托加工和进口的特种消费品。目前，我国征收消费税的消费品可以分为五大类：一是过度消费会对人类健康和生态环境等方面造成不利影响的消费品，如烟、酒、鞭炮等；二是非生活必需品和奢侈品，如贵重首饰、珠宝玉石和游艇等；三是高能耗的消费品，如汽车、摩托车等；四是不可再生和不可替代的资源类消费品，如成品油、实木地板等；五是有利于筹集财政资金、增加财政收入的消费品，即对较普遍的产品如汽车轮胎、化妆品等课以消费税。

（2）纳税人。凡在中华人民共和国境内生产、委托加工和进口应税消费品的单位及个人都是消费税的纳税义务人。这里的"单位"包括国有企业、集体企业、私有企业、股份制企业、外商投资企业和外国企业、其他企业，以及行政单位、事业单位、军事单位、社会团体和其他单位；"个人"是指个体经营者和其他个人。消费税纳税人具体包括：生产应税消费品的单位和个人、进口应税消费品的单位和个人、委托加工应税消费品的单位和个人。其中，委托加工应税消费品由受托方提货时代扣代缴，但若受托方为个体经营者，则应由委托方回委托方所在地申报纳税。自产自用应税消费品，由自产自用单位和个人在移送使用时缴纳消费税。

2. 征税对象

根据《中华人民共和国消费税暂行条例》和 2006 年消费税改革后的新规定，目前消费税的征税对象包括烟、酒、化妆品、汽车、游艇、高尔夫球等 15 个项目，有的项目又被细分为若干子项目。

消费税的具体税目如下：①烟，这是指以烟叶为原料加工生产的产品，包括卷烟（进口和国产）、雪茄烟和烟丝三大类；②酒及酒精，酒是指酒精度在 1 度以上的各种酒类饮料，包括白酒、黄酒、啤酒、果木酒、汽酒、药酒和其他酒；酒精包括用蒸馏法和合成法生产的各种工业酒精、食用酒精和医用酒精；③高档化妆品，这包括高档美容、修饰类化妆品、高档护肤类化妆品，以及成套化妆品，主要指生产（进口）环节销售（完税）价格（不含增值税）在 10 元/毫升（克）或 15 元/片（张）及以上的美容、修饰类化妆品和护肤类化妆品。但是，舞台、戏剧、影视演员化妆用的上妆油、卸妆油、油彩等不属于本税目；④贵重首饰及珠宝玉石，这包括金银珠宝首饰和经采掘、打磨和加工的各种珠宝玉石；⑤鞭炮、焰火；⑥成品油，此税目下设包括汽油、柴油、石脑油、溶剂油、航空煤油、燃料油和润滑油在内的 7 个子税目；⑦电池，此税目包括原电池、蓄电池、燃料电池、太阳能电池和其他电池；⑧小汽车，此税目下设乘用车、中轻型商用客车和超豪华小汽车三个子税目；2016 年 12 月 1 日起，超豪华小汽车在生产（进口）环节按现行税率征收消费税的基础上，在零售环节加征消费税；电动汽车、沙滩车、雪地车、卡丁车、高尔夫车等均不属于本税目征税范围；⑨摩托车，不含气缸容量 250 毫升以下的小排量摩托车；⑩高尔夫球及球具；⑪高档手表，这是指销售价格（不含增值税）每只在 10 000 元及以上的各类手表；⑫游艇；⑬木制一次性筷子；⑭实木地板；⑮涂料。

3. 税率

我国的消费税采用比例税率和定额税率两种形式。其中，黄酒、啤酒和成品油实行定额税率，即依据单位重量或单位体积确定单位税额；高档化妆品、高档手表等应税消费品实行比例税率，如高档化妆品的税率为 15%，铅蓄电池的税率为 4%。除此以外，还有比例税率加定额税率的复合计税形式。目前，我国只对白酒和卷烟两种应税消费品实行复合计税。其中，白酒定额税率为每 500 克 0.5 元，比例税率为 20%；生产、进口、委托加工环节卷烟定额税率为每标准箱（50 000 支）150 元。每标准条（200 支，下同）调拨价格在 70 元（不含增值税）以上的卷烟，生产环节（含进口）、委托加工环节的税率调整为

56%；每标准条调拨价格在 70 元（不含增值税）以下的卷烟，生产环节（含进口）、委托加工环节的税率调整为 36%。批发环节卷烟定额税率为每标准箱（50 000 支）250 元，比例税率为 11%。

4. 税收优惠政策

首先，纳税人自产自用的应税消费品，用于连续生产应税消费品的，不纳税。委托加工的应税消费品，委托方用于连续生产应税消费品的，所纳税款准予按规定抵扣。

其次，对纳税人出口应税消费品，免征消费税。

最后，经国务院批准，金银首饰消费税由 10% 的税率减按 5% 的税率征收。本规定自 1994 年 1 月 1 日起执行。

（三）消费税的计算

1. 消费税的计税依据

（1）销售额的确定。应税消费品的销售额是指纳税人销售应税消费品向购买方收取的全部价款和价外费用。其中，价外费用主要包括价外收取的基金、集资款、返还利润、补贴、违约金、品牌使用费（主要是指白酒的品牌使用费）、代收款项、代垫款项和其他各种形式的价外费用等。但是，价外费用不包括向购买方收取的增值税税款、受托加工应征消费税的消费品所代扣代缴的消费税和纳税人代垫但同时将承运部门开具给购买方的运费发票转交给购买方的运费。价外费用通常按含税价格收取，因此，计算时要转换成不含税的销售额。

（2）销售数量的确定。销售数量是指应税消费品的数量，具体为：销售应税消费品的，为应税消费品的销售数量；自产自用应税消费品的，为应税消费品的移送使用数量；委托加工应税消费品的，为纳税人收回的应税消费品数量；进口应税消费品的，为海关核定的应税消费品进口征税数量。

2. 消费税的应纳税额的计算

消费税采用从价定率计征、从量定额计征和复合计征三种方法来计算应税消费品应缴纳的消费税额。

从价定率应纳税额的计算公式如下：

$$应纳税额 = 应税消费品的销售额 \times 适用税率$$

从量定额应纳税额的计算公式如下：

$$应纳税额 = 应税消费品的销售数量 \times 适用单位税额$$

我国消费税对黄酒、啤酒和成品油实行定额税率，采用从量定额的办法征税。从价定率和从量定额相结合的复合计算公式如下：

应纳税额＝应税消费品的销售额×适用税率＋应税消费品的销售数量×适用单位税额

我国消费税对烟、粮食及薯类、白酒实行从量定额和从价定率相结合的复合计税办法来计算应纳税额。

除了上述一般性规定外，还对下列行为做了具体规定：

第一，自产自用应税消费品应纳税额的计算。自产自用通常指的是纳税人生产应税消费品后，不是直接用于对外销售，而是用于连续生产应税消费品或用于其他方面。按照《中华人民共和国消费税暂行条例》规定，纳税人自产自用的应税消费品，用于连续生产应税消费品的，不纳税。如卷烟厂外购烟叶加工烟丝，用烟丝生产卷烟，烟丝作为中间产品用于卷烟连续生产时不纳税。但纳税人自产自用的应税消费品用于其他方面（生产非应税消费品和在建工程、管理部门、非生产机构、提供劳务，以及用于馈赠、赞助、奖励等），视同销售纳税，在移送使用环节纳税。

对于自产自用的应税消费品用于其他方面，在计算应纳税额时，如果有同类消费品的销售价格，按照纳税人生产的同类消费品不含增值税的销售价格计算纳税：应纳税额＝同类消费品不含增值税的销售单价×自产自用数量×消费税税率

如果没有同类消费品的销售价格，则应按组成计税价格计算。其计算公式为：组成计税价格＝（成本＋利润）÷（1－消费税税率）

第二，委托加工应税消费品应纳税额的计算。委托加工是指委托方提供原材料及主要材料，受托方只收取加工费代垫辅助材料的业务。委托加工应税消费品由委托方代扣代缴消费税（受托方是个体经营者除外，此时由委托方收回后在其所在地缴纳）。

委托加工应税消费品的销售额按如下顺序计算：

一是受托方有同类消费品消费的，按受托方当月销售的同类消费品的销售价格计算。

二是受托方当月销售的同类消费品的销售价格高低不同的，按销售数量加权平均计算。

三是受托方没有同类消费品消费的，按组成计税价格计算。组成计税价格的计算公式如下：

实行从价定率办法计算纳税的组成计税价格＝（材料成本＋加工费）÷（1－消费税税率）

实行复合计税办法计算纳税的组成计税价格＝（材料成本＋加工费＋委托加工数量×定额税率）÷（1－消费税税率）

式中，材料成本是指合同中注明的材料成本，而不是实际耗用的成本。

第三，进口应税消费品应纳税额的计算。实行从量定额办法计算应纳税额的，按照进口应税消费品的数量计算纳税；实行从价定率办法计算应纳税额的，按照组成计税价格计

算纳税。其计算公式如下：

$$组成计税价格＝（关税完税价格＋关税）÷（1－消费税税率）$$

海关代征的消费税税额＝组成计税价格×消费税税率

（四）出口应税消费品的退（免）税

1. 出口应税消费品退（免）税的基本政策

纳税人出口应税消费品，国家给予退（免）税优惠，在政策上可以分为以下三类：

（1）出口既免税又退税。这一政策适用于有出口经营权的外贸企业购进应税消费品直接出口，以及外贸企业受其他外贸企业委托代理出口应税消费品。

（2）出口只免税不退税。这一政策适用于有出口经营权的生产性企业自营出口或生产企业委托外贸企业代理出口自产的应税消费品，依据其实际出口数量免征消费税，不予办理退还消费税。

（3）出口既不免税也不退税。一般商贸企业适用这一政策。

2. 出口应税消费品应退税额的计算

外贸企业出口按从价定率计征的应税消费品应退税额的计算公式为：应退消费税税额＝出口消费品的工厂销售额（不含税价）×消费税税率

外贸企业出口按从量定额计征的应税消费品应退税额的计算公式为：应退消费税税额＝出口消费品的工厂销售数量×消费税单位税额

四、关税

（一）关税的分类

关税是一个十分古老的税种，它是伴随着国家之间的贸易而产生和发展起来的。从其起源的角度考察，它是在"关"征收的税，或者由守"关"者征收的税。但关税的概念因时间的变化，使用的场合和研究者考察问题的角度不同，有时会有所不同。现代意义上的关税是仅以进出口货物和进出境物品为课税对象的一种税，所谓"境"，是指关境，又称"海关境域"或"关税领域"，是国家《海关法》全面实施的领域。我国现行的关税制度以 1987 年正式通过的《中华人民共和国海关法》为基本法律依据，以 1992 年 3 月国务院修订发布的进出口条例和 1994 年 1 月海关总署修订发布的进出口税则为基本法规，并包括相关征管办法和实施细则。

关税按照不同标准可以分为以下几类：

1. 按照国际贸易商品的流向，关税可分为进口税、出口税和过境税

进口税是最通常、最广泛使用的关税，它是一国海关对其进出口货物和物品征收的关税。出口税是以出口货物和物品为课税对象的关税。过境税是对通过一国国境或关境的货物所征收的关税。现在很少有国家征收出口税和过境税。

2. 按照征税的目的不同，关税可分为财政关税、保护关税

财政关税是以增加国家财政收入为主要目的而征收的关税，课税对象多为进口数量多、消费量大、税负能力强的商品。保护关税是为保护本国工农业生产或经济长期、稳定地发展而征收的关税。保护关税起源于重商主义时期，课税对象一般是本国需要发展或国际竞争性很强的商品。

3. 按照征税的性质，关税可分为普通关税、优惠关税、差别关税

普通关税即一般关税，是对与本国没有签署贸易或经济互惠等友好协定的国家原产的货物征收的非互惠性关税。优惠关税是对特定的受惠国给予的关税优惠待遇，此类关税一般都是双方互惠的。差别关税是为特定目的在一般进口税之外加征的临时附加税，主要包括保障性关税、反倾销税、反补贴税、报复关税等。

4. 按照征税标准不同，关税可分为从量税、从价税、复合税、选择税

从量税是以课税对象的数量为课税标准的关税。从量税以进口商品的重量、长度、容积、面积等计量单位为计税依据。以从量税计税，每一种进口商品的单位应税额固定，不受该商品进口价格的影响，因此，这种计税方法的特点是税额计算简便，通关手续快捷，并能起到抑制质次价廉商品或故意低瞒价格商品的进口。目前，我国对原油、部分鸡产品、啤酒、胶卷进口分别以重量、容量、面积计征从量税。

从价税，即以进口货物的完税价格作为计税依据，以应征税额占货物完税价格的百分比作为税率。

复合税是对某种进口商品同时使用从价计征和从量计征的一种计征关税的方法。复合税既可以发挥从量税抑制低价商品进口的特点，又可以发挥从价税税负合理、稳定的特点。目前，我国对录像机、放像机、摄像机、数码照相机和摄录一体机实行复合税。

选择税是或以课税对象的价值或价格为课税标准，或以课税对象的数量为课税标准的一种税。选择税同时规定有两个课税标准，计征时选择其中一个适用。

（二）关税的计算

从价税应纳税额的计算公式如下：

$$关税税额=应税进（出）口货物数量×单位完税价格×税率$$

从量税应纳税额的计算公式如下：

$$关税税额 = 应税进（出）口货物数量 \times 单位货物税额$$

我国目前实行的复合税都是先计征从量税，再计征从价税。复合税应纳税额的计算公式如下：

$$关税税额 = 应税进（出）口货物数量 \times 单位货物税额 +$$
$$应税进（出）口货物数量 \times 单位完税价格 \times 税率$$

（三）行李和邮递物品进口税

我国的行李和邮递物品进口税是对入境旅客行李物品、个人邮递物品和其他个人自用物品征收的进口税，包括关税、增值税和消费税。行李和邮递物品进口税的纳税人包括携有应税个人自用物品的入境旅客和运输工具服务人员、进口邮递物品的收件人、以其他方式进口应税个人自用物品的收件人。上述应税个人自用物品，不包括汽车、摩托车及其配件、附件。进口应税个人自用汽车、摩托车及其配件、附件，应当按照有关税收法规缴纳关税、增值税、消费税。

现行行李和邮递物品进口税的征税率共有三档，分别为15%、30%和60%，具体税有三种。①税率为15%：食品、饮料；金银；电话机等信息技术产品；家具；视频摄录一体机、数字照相机、存储卡等信息技术产品；耳机及耳塞机，磁盘、磁带、半导体媒体以及其他影音类信息技术产品；计算机及其外围设备；书报、刊物及其他各类印刷品；教育用影视资料；玩具、游戏品（视频游戏控制器及设备、桌上或室内游戏用品）。②税率为30%：纺织品及其制成品；皮革服装及配饰；箱包及鞋靴；表（高档手表除外）、钟及其配件、附件；钻石及钻石首饰；清洁用品、护肤用品、护发用品和其他洗护用品；家用医疗、保健及美容器材；厨卫用具及小家电（电话机等信息技术产品除外）；空调及其配件、附件；电冰箱及其配件、附件；洗衣设备及其配件、附件；电视机及其配件、附件；摄影（像）设备及其配件、附件（视频摄录一体机、数字照相机、存储卡等信息技术产品除外）；影音设备及其配件、附件（耳机及耳塞机，磁盘、磁带、半导体媒体以及其他影音类信息技术产品除外）；文具用品；邮票、艺术品、收藏品；乐器；运动用品（高尔夫球及球具除外）、钓鱼用品；自行车；其他物品。③税率为60%：酒；烟；高档手表；贵重首饰及珠宝玉石（不含钻石）；芳香类化妆品、唇用化妆品、眼用化妆品、指（趾）甲化妆品、粉状化妆品和特殊功能类化妆品；高尔夫球及球具行李和邮递物品进口税实行从价计征。纳税人应当按照海关填发税款缴纳证当天有效的税率和应税物品的完税价格计算纳税。其应纳税额的计算公式为：

$$应纳税额 = 完税价格 \times 适用税率$$

式中，完税价格由海关参照应税物品的境外正常零售价格确定。

待纳税人缴纳行李和邮递物品进口税税款之后，海关对其应税物品予以放行。

第二节　所得课税

在整个税收制度中，所得课税占有重要地位，不论是在筹集收入还是在调节经济方面，所得课税都具有明显的优势。在许多西方国家，所得课税都是作为"主体税"而存在的。相对于商品课税而言，中国所得课税的收入水平还较低。但随着经济的发展和所得税制的完善，中国所得课税的收入水平将会有很大的提高，其经济调节作用也会进一步增强。

一、 所得税概述

（一）所得税的含义

所谓所得税，就是以所得为课税对象，向取得所得的纳税人课征的税。所得税的课税对象是所得。关于所得的概念，西方经济学界有着不同的解释。狭义的解释将所得定义为在一定期间内运用资本或劳力所获得的货币收益或报酬；广义的解释将所得定义为在一定期间内所获得的一切经济利益，而不管其来源怎样、方式如何，是货币收益还是实物收益。较为流行的解释是，所得是指财富的增加额，等于一定期间内的消费支出额加上财富净值的变动额。按照这种解释，凡是能够增加一个人享用物品和劳务的能力的东西，都应该视为所得。所以，无论是经常所得还是偶然所得，无论是可预期所得还是不可预期所得，无论是已实现所得还是未实现所得，都应该视为所得。这种解释实际上属于广义的解释。

在实践中，所得的范围要狭窄得多。通常情况下，课税对象或范围的选择是以交易为基础的，即所得税是对已实现所得的课税。并且，所得税并不是对已实现的总所得征税，从总所得中扣除必要的费用之后才是应税所得。

就个人所得税而言，征税的所得项目一般由工资、薪金、股息、利息、租金、特许权使用费以及资本利得等构成。可以从个人总所得中扣除的必要的费用主要由两个部分构成：一部分是为取得收入而必须支付的有关费用，即所谓"事业经费"，如差旅费、午餐费、工作服费、维修费、搬迁费等；另一部分是维持基本生活所需的"生计费"。对前一部分费用，通常是按项目规定扣除标准，但各国的宽严程度有较大差别；对后一部分费用，通常是按家庭成员的构成规定扣除标准，而这又依各国经济发展水平的高低而不同。

就企业所得税而言，应当计税的所得项目通常包括：经营收入，即销售价款减去销售成本之后的销售利润；资本所得，即出售或交换投资的财产，如房地产、股票、特许权使用费等实现的收入；股息收入，即企业作为其他公司的股东而取得的收入；利息收入；财产租赁收入；前期已支付费用的补偿收入，如保险收入等；其他收入，如营业外收入等。同个人所得税计算过程中的扣除项目相比，企业所得税的扣除比较简单，它不存在个人宽免与生计费扣除的问题，可以从总所得中扣除的只有费用开支，而且只能扣除与取得的收入有关的那一部分必要的费用开支。这些费用开支通常包括：经营管理费用，如工资、租金、原材料费用、维修费用、差旅费、利息费用、保险费、广告费；折旧和折耗，如固定资产折旧、资源折耗等；各项税金，即所缴纳的各项税款；其他费用，如坏账、意外损失、法律和会计事务费、研究和发展费用。

（二）所得税的课征范围

1. 个人所得税的课征范围

税收的课征范围是指一个主权国家的税收管辖权及于课税主体（纳税人）和课税客体（课税对象）的范围。要说明个人所得税的课征范围，需要从税收管辖权说起。税收管辖权是国家主权的有机组成部分。在现代国际社会中，所有主权国家对其管辖领域内的一切人和物，均有行使国家主权的权力，税收管辖权就是国家在处理税收事务方面的管理权。

在各国长期实践的基础上，已经为国际公认的税收管辖权原则上大体有两种。一是属地主义原则，它根据地域概念确定，以一国主权所及的领土疆域为其行使税收管辖权的范围，而不论纳税人是否为本国公民或居民。按照属地主义原则所确立的税收管辖权，叫作"收入来源地税收管辖权"。这种税收管辖权确认，收入来源国有权对任何国家的居民或公民取得的来源于其境内的所得课税。二是属人主义原则，它依据人员概念确定，以一国所管辖的公民或居民为其行使税收管辖权的范围，而不论这些公民或居民所从事的经济活动是否发生在本国领土疆域之内。按照属人主义原则所确立的税收管辖权，叫作"居民（公民）税收管辖权"。这种税收管辖权确认，居住国或国籍国有权对居住在其境内的所有居民或具有本国国籍的公民取得的来源于全世界范围的所得课税。因此，各国在个人所得税上的可能课征范围可以概括为：本国居民或公民取得的来源于全世界范围的所得，以及外国居民或公民取得的来源于该国疆域范围的所得。也就是说，居民或公民要承担全部所得的纳税义务，非居民或非公民则承担有限纳税义务。

各国要对本国居民或公民取得的来源于全世界范围的所得课征个人所得税，对纳税人居民或公民身份进行认定是前提。公民身份的认定比较容易。由于公民身份的取得必须以拥有国籍为前提条件，各国便多以国籍作为区分公民和非公民的标准。类似的问题也存在于收入来源地税收管辖权的行使上。各国要对外国居民或公民取得的来源于本国境内的所得课征个人所得税，只有在认定外国纳税人与本国具有收入来源地的联结因素的前提下，才可对其来源于本国境内的所得课税。

需要指出的是，居民、公民以及收入来源地的认定标准，虽有国际通行的一般规则，但具体到各国，则还有许多细微的差别，最终还要决定于各国的税法。

2. 公司（或企业）所得税的课征范围

同个人所得税课征范围的原理一样，公司（或企业）所得税的课征范围也是由各国所行使的税收管辖权决定的。将公司（或企业）区分为居民公司（或企业）和非居民公司（或企业），居民公司（或企业）负无限纳税义务，非居民公司（或企业）负有限纳税义务。各国在公司（或企业）所得税上的课征范围可以概括为：居民公司（或企业）取得的来源于全世界范围的所得，以及非居民公司（或企业）取得的来源于该国疆域范围内的所得。

居民公司（或企业）的认定标准，也是从"住所""居所"的基本概念延伸出来的。法人的固定住所就是它诞生的地方，即法人登记成立的国家。法人的住所和居所的区别在于，住所是指公司（或企业）的登记成立地，居所是指公司（或企业）的控制和管理机构所在地。因此，各国通行的居民公司（或企业）的认定标准大体有登记注册、总机构和管理中心三种标准：登记注册标准，是依据公司（或企业）的注册登记地点而定的，若公司（或企业）根据本国的法律，在本国登记注册，就是本国的居民公司（或企业）；总机构标准，是依据公司（或企业）的总机构设立地点而定的，若公司（或企业）的总机构设在本国境内，就是本国的居民公司（或企业）；管理中心标准，是依据公司（或企业）实际控制或实际管理中心的所在地而定的。若公司（或企业）的实际控制或实际管理中心所在地在本国境内，就是本国的居民公司（或企业）。凡不在上述标准之内的公司（或企业），均属非居民公司（或企业）。

（三）所得税的类型

在对个人所得征税时，会涉及课征模式的选择，也就是选择实行什么类型的所得税，通常所说的所得税的类型实际上是以对个人不同来源的所得按什么模式课征作为标准来划分的。一般将所得税划分为三种类型：

一是分类所得税（也称"分类税制"），即将所得按来源、性质划分为若干类别，对各种不同来源、性质的所得分别计算征收所得税。分类所得税的主要优点是，它可以对不同性质的所得分别采用不同的税率，实行差别待遇。目前，我国个人所得税的征收采用的是此种模式。

二是综合所得税（也称综合税制），即对纳税人全年各种不同来源的所得加以汇总，综合计算征收所得税。综合所得税的突出优点，就是其最能体现纳税人的实际负担水平，最符合支付能力原则或量能课税的原则。

三是分类综合所得税（也称混合税制），即将分类课征和综合计税结合起来，先按分类所得税课征，然后再对个人全年总所得超过规定数额以上的部分按累进税率计税。

（四）所得税的课征方法

1. 个人所得税的课征方法

个人所得税的课征方法有从源征收法和申报清缴法两种，各国往往根据不同收入项目同时采用这两种课征方法。

所谓从源征收法，是指在支付收入时代扣代缴个人所得税，即支付单位依据税法负责对所支付的收入项目扣缴税款，然后汇总缴纳。这种方法的主要优点在于：一是可以节约税务机关的人力物力消耗，简化征收管理手续；二是可以避免或减少逃税，及时组织税款入库。

所谓申报清缴法，就是将分期预缴和年终汇算清缴结合起来，由纳税人在纳税年度申报全年估算的总收入额，并按估算额分期预缴税款，到年度终了时，再按实际收入额提交申报表，依据全年实际应纳所得税额，对税款多退少补。这种方法的主要优点在于，能够综合个人的各项所得，适合采用累进税率，从而能够发挥所得税的优势。其缺点是，可能会发生逃税现象，在税收征收管理水平低的国家尤为如此。

2. 公司（或企业）所得税的课征方法

各国对公司（或企业）所得税的课征，一般都采用申报纳税方法。通常的情况是，纳税年度由公司（或企业）根据其营业年度确定，但一经确定便不能随意改变，一般在年初填送预计申报表，在年终填送实际申报表；税款实行分季预缴，年终清算，多退少补。

（五）所得课税的优缺点

1. 所得课税的优点

所得课税具有以下优点：

第一，税源普遍，课税有弹性。在正常条件下，凡从事生产经营活动的一般都有所得，都要缴纳所得税，因此，所得课税的税源很普遍。并且，所得来源于经济资源的利用和剩余产品的增加，随着人们经济活动的扩大和资源利用效率的提高，剩余产品会不断增长，各种所得也会不断增长，因而所得课税收入会不断增长，国家还可以根据需要灵活调整税负水平，以适应政府支出的增减。

第二，税负相对公平。所得课税是以纯收入或净所得为课税对象的，一般实行累进税率，符合支付能力原则，并且往往有起征点、免征额等方面的规定，可以在征税上照顾低收入者，有助于社会公平的实现。

第三，一般不存在重复征税问题，不直接影响商品的相对价格。所得课税是以纳税人的总收入减去准予扣除项目后的余额为计税依据的，征税环节单一，只要不存在两个以上的课税权主体，就不会出现重复征税。所得课税以纳税人的总收入减去准予扣除项目后的余额为计税依据，也决定了对所得课税不会直接影响商品的比价关系，因而不会影响市场的运转。

第四，属于直接税，税负不易转嫁。所得课税以纳税人的总收入减去准予扣除项目后的余额为计税依据，一般不易进行税负转嫁，对市场机制的正常运行干扰较小。这一特点也有利于利用所得课税调节人们的收入水平，缩小收入差距，实现社会公平目标。在采用累进税率的情况下，这一作用尤为明显。

第五，有利于维护国家的经济权益。在国际经济交往与合作不断扩大的现代社会，跨国投资和经营的情况极为普遍，由此产生了跨国所得。对跨国所得征税是任何一个主权国家应有的权益，这就需要利用所得课税可以跨国征税的天然属性，参与纳税人跨国所得的分配，维护本国的经济权益。

2. 所得课税的缺点

所得课税的缺点体现在以下三个方面。

第一，所得课税的开征及其财源受公司（或企业）利润水平和人均收入水平的制约。

第二，所得课税的累进课税方法会在一定程度上压抑纳税人的生产和工作的积极性。

第三，所得课税的计征管理比较复杂，需要较高的税务管理水平，在发展中国家广泛推行往往会遇到困难。

（六）所得课税的功能

概括地说，所得税具有筹集收入和调节经济两大功能。其中，调节经济的功能表现在对收入分配的调节和对经济波动的调节上。所得税的调节经济的功能在当今社会受到各国的普遍重视，所得税成为各国政府促进收入公平分配和稳定经济的一个有力手段。在促进收入公平分配方面，个人所得税通过累进课征可以缩小人们的收入差距，通过税收优惠给予低收入者种种照顾，可以缓解社会矛盾，保持社会稳定。在稳定经济方面，实行累进税率的个人所得税可以发挥自动稳定经济的作用。当经济过热、社会总需求过大时，个人的所得会大幅度增加，原来按较低税率纳税的人要改按较高税率纳税，税收收入会相对增加，而纳税人的税后可支配收入会相对减少，从而可以抑制纳税人的投资和消费冲动，维持经济稳定；反之，当经济萧条、纳税人的收入下降时，适用税率会自动下降，又可以刺激投资和消费，促进经济复苏。具有这种功能的所得税被称为"自动稳定器"或"内在稳定器"。除此之外，政府可以根据社会总供给和总需求的平衡关系灵活调整税负水平，抑制经济波动。当经济增长速度过快、总需求过旺时，提高所得税税负水平；当经济处于萧条时期、社会总需求萎缩时，降低所得税税负水平。

二、 企业所得税

（一）企业所得税的概念

企业所得税是对企业和其他取得收入的组织的所得征收的一种税。2007 年 3 月 16 日，第十届全国人民代表大会第五次会议审议通过《中华人民共和国企业所得税法》，统一了内、外资企业所得税制度，2008 年 1 月 1 日起施行，2018 年 12 月进行第二次修正。《中华人民共和国企业所得税法实施条例》对企业所得税法的有关规定做了进一步细化，与企业所得税法同步施行。

（二）企业所得税的征收制度

1. 纳税人和征税范围

企业所得税法规定，在中华人民共和国境内，企业和其他取得收入的组织（以下统称企业）为企业所得税的纳税人。企业所得税法统一了纳税人的认定标准，以是否具有法人资格作为企业所得税纳税人的认定标准，改变了以往内资企业以是否独立核算为条件判定所得税纳税人的认定标准的做法，使内资企业和外资企业的纳税人认定标准完全统一。按此认定标准，企业设有多个不具有法人资格营业机构的，实行由法人汇总纳税。

目前，大多数国家对个人（自然人）以外的组织或者实体课征所得税，一般都是以法人作为纳税主体，因此，企业所得税法以法人组织为纳税人符合国际通行做法。同时，实行法人（公司）税制，也是企业所得税改革的内在要求，有利于更加规范地确定企业纳税义务。在纳税人范围的确定上，按照国际通行做法，将取得经营收入的单位和组织都纳入了征税范围。同时，为增强企业所得税与个人所得税的协调，避免重复征税，明确了个人独资企业和合伙企业不作为企业所得税的纳税人。

企业所得税法将纳税人划分为"居民企业"和"非居民企业",并分别规定其纳税义务,即:居民企业承担全面纳税义务,就其境内外全部所得纳税;非居民企业承担有限纳税义务,就其来源于中国境内所得部分纳税。把企业分为居民企业和非居民企业,是为了更好地保障我国税收管辖权的有效行使。税收管辖权是一国政府在征税方面的主权,是国家主权的重要组成部分。根据国际通行做法,我国选择了地域管辖权和居民管辖权的双重管辖权标准,能够最大限度地维护我国的税收利益。同时,为了防范企业避税,对依照外国(地区)法律成立但实际管理机构在中国境内的企业也认定为居民企业;非居民企业还应当就其取得的与其在中国境内设立的机构、场所有实际联系的境外所得纳税。这里所说的"实际管理机构"是指对企业的生产经营、人员、账务、财产等实施实质性全面管理和控制的机构;非居民企业在中国境内所设立的"机构、场所",是指在中国境内从事生产经营活动的机构、场所,包括管理机构、营业机构、办事机构、工厂、农场、提供劳务的场所、从事工程作业的场所等,非居民企业委托营业代理人在中国境内从事生产经营活动的,包括委托单位和个人经常代其签订合同或者储存、交付货物等,视为非居民企业在中国境内设立机构、场所。

2. 征税对象

企业所得税的征税对象,是企业以货币形式和非货币形式从各种来源取得的收入。企业的收入总额包括:销售货物收入,提供劳务收入,转让财产收入,股息、红利等权益性投资收益,利息收入,租金收入,特许权使用费收入,接受捐赠收入,其他收入。

企业取得收入的货币形式包括现金、存款、应收账款、应收票据、准备持有至到期的债券投资以及债务的豁免等。企业取得收入的非货币形式包括固定资产、生物资产、无形资产、股权投资、存货、不准备持有至到期的债券投资、劳务以及有关权益等。企业以非货币形式取得的收入,以公允价值确定收入额。

3. 税率

结合我国财政承受能力、企业负担水平,考虑世界上其他国家和地区特别是周边国家和地区的实际税率水平等因素,企业所得税法将企业所得税税率确定为25%。这一税率在国际上属于适中偏低的水平,有利于继续保持我国税制的竞争力,进一步促进和吸引外商投资。居民企业中符合条件的小型微利企业减按20%的税率征税。国家重点扶持的高新技术企业减按15%的税率征税。非居民企业仅就来源于我国境内的所得征税,适用低税率20%(实际减按10%的税率征收)。

4. 税收优惠政策

企业所得税的税收优惠方式包括免税、减税、加计扣除、加速折旧、减计收入、税额抵免等。

三、个人所得税

(一) 个人所得税的概念

个人所得税是以个人（自然人）取得的各项应税所得为征税对象征收的一种税。我国现行的个人所得税是在 1994 年的税制改革中，在原来的个人所得税、个人收入调节税和城乡个体工商业户所得税的基础上合并而成的一个税种。《中华人民共和国个人所得税法》是 1993 年 10 月 31 日第八届全国人民代表大会常务委员会公布的，自 1994 年 1 月 1 日起施行。国务院于 1994 年 1 月 28 日发布了《中华人民共和国个人所得税法实施条例》。2018 年 8 月 31 日，关于修改个人所得税法的决定通过，起征点每月 5000 元，2018 年 10 月 1 日起实施最新起征点和税率，自 2019 年 1 月 1 日起施行。

(二) 个人所得税的征收制度

1. 纳税人和征税范围

按税法规定，有纳税义务的中国公民和有从中国境内取得收入的外籍人员，均为个人所得税的纳税人。自 2000 年 1 月 1 日起，个人独资企业和合伙企业投资者，也为个人所得税的纳税人。这就是说，个人所得税的纳税人包括中国公民、个体工商户、外籍个人等。

另外，在中国境内有住所，或者虽无住所但在境内居住满 1 年的个人，从中国境内和境外取得的所得，依法缴纳个人所得税；在中国境内无住所又不居住或者无住所而在境内居住不满 1 年的个人，从中国境内取得的所得，依法缴纳个人所得税。

2. 征税对象

个人所得税的征税对象是个人取得的应税所得。个人所得税法列举征税的个人所得共 11 项，具体包括：工资、薪金所得；个体工商户的生产、经营所得，对企事业单位的承包经营、承租经营所得，劳务报酬所得，稿酬所得，特许权使用费所得，利息、股息、红利所得，财产租赁所得，财产转让所得，偶然所得，经国务院财政部门确定征税的其他所得。

3. 税率

个人所得税同时实行分项定率、累进税率和比例税率。

4. 减税免税

(1) 有下列情形之一的，经批准可以减征个人所得税。①残疾、孤老人员和烈属的所得。②因严重自然灾害造成重大损失的。③其他经国务院财政部门批准减税的。

（2）免征个人所得税的项目。①对符合国务院有关规定适当延长离退休年龄的高级专家，其在延长离退休期间的工资、薪金所得，视同退休工资、离休工资免征个人所得税。②外籍专家取得的工资、薪金所得。③中国科学院院士的院士津贴和中国科学院、工程院资深院士津贴。④"长江学者成就奖"的奖金。⑤对学生个人参与"长江小小科学家"活动并获得的奖金。⑥军队干部的符合政策规定的津贴、补贴。⑦国际青少年消除贫困奖。⑧企业和个人按规定比例提取缴付的住房公积金、医疗保险金、基本养老保险金。⑨个人领取原提存的住房公积金、医疗保险金、基本养老保险金。⑩现明确按照国家或省级地方政府规定的比例缴付的住房公积金、医疗保险金、基本养老保险金、失业保险基金存入银行个人账户所取得的利息收入。⑪教育部颁发的"特聘教授奖金"。⑫国有企业职工因企业破产，从破产企业取得的一次性安置费收入。⑬国有企业职工与企业解除劳动合同取得的一次性补偿收入，在当地上年企业职工年平均工资的3倍数额内，可免征个人所得税，具体免征标准由各省、自治区、直辖市和计划单列市地方税务局规定。超过该标准的一次性补偿收入，应按照《国家税务总局关于个人因解除劳动合同取得经济补偿金征收个人所得税问题的通知》（国税发〔1999〕178号）的有关规定，全额计算征收个人所得税。⑭城镇企业、事业单位及其职工个人按照《失业保险条例》规定的比例实际缴付的失业保险费，均不计入职工个人当期的工资、薪金收入，免予征收个人所得税。⑮失业人员领取的失业保险金。⑯下岗职工从事社区居民服务业，对其取得的经营所得和劳务报酬所得，从事个体经营的自其领取税务登记证之日起、从事独立劳务服务的自其持下岗证明在当地主管税务机关备案之日起，3年内免征个人所得税；但第1年免税期满后由县以上主管税务机关就免税主体及范围按规定逐年审核，符合条件的，可继续免征个人所得税1~2年。⑰对从事个体经营的随军家属，自领取税务登记证之日起，3年内免征营业税和个人所得税。每一随军家属只能按上述规定享受一次免税政策。

（3）暂免征收个人所得税的项目。①个人办理代扣代缴税款手续，按规定取得的扣缴手续费。②外籍个人从外商投资企业取得的股息、红利所得。③对个人转让上市公司股票取得的所得继续暂免征收个人所得税。对个人投资者买卖基金单位获得的差价收入，在对个人买卖股票的差价收入未恢复征收个人所得税以前，暂不征收个人所得税。④对职工个人以股份形式取得的拥有所有权的企业量化资产，暂缓征收个人所得税，待个人将股份转让时，就其转让数额，减除个人取得该股份时实际支付的费用和合理转让费用后的余额，按"财产转让所得"项目计征个人所得税。⑤科研机构、高等院校奖励的股份出资比例，经主管税务机关审核后，暂不征收个人所得税。⑥个人转让自用达5年以上，并且是唯一的家庭生活用房取得的所得，暂免征收个人所得税。

第三节　财产课税

财产课税是国家针对财产课征的税。它以财产为课税对象，向财产的所有者征收。财产的内涵十分丰富，包括一切积累的劳动产品（生产资料和生活资料）、自然资源（如土地、矿藏、森林等）和各种科学技术、发明创作的特许权等。财产税属于对社会财富的存量课税，它通常不是课自当年创造的价值，而是课自以往年度创造价值的各种积累形式。

一、财产税概述

财产税是指以各类动产和不动产为课税对象的税收，如一般财产税、遗产税、赠予税等。

（一）财产税的含义

财产税是对财产所有人、占有人或使用人所拥有或支配的应税财产，就其数量或价值依法征收的一种税。

1. 财产税的发展历史

财产税是世界上最古老的税类，它是随着私有财产制度的确立而发展起来的。财产税曾经是奴隶社会中国家的重要收入，也是封建社会中国家最主要的税收收入。现代意义上的财产税于1892年创行于荷兰，以后德国、丹麦、瑞典、挪威等国相继依法开征了财产税。到近现代社会，随着商品税和现代直接税的产生和发展，财产税的地位和作用有所下降，但作为现代三大税收体系的一个独立体系，财产税仍然发挥着其他税种不可替代的作用。在美、英等国，财产税是地方政府财政收入的重要来源。随着生产力的发展和社会形态的更迭，财产税的课税对象也发生了很大变化。在以自然经济为特征的古代社会，财产税主要以土地为课税对象。后来随着财产种类的日益增多，财产税的课税对象也趋于复杂多样，除了土地、房屋等不动产外，也有动产，包括汽车等有形动产和股票、债券等无形动产。从各国已课财产税来看，财产税的课征范围大多数是房屋、土地、车辆、遗产等财产。对于机器、设备等生产资料和日用生活物品以及货币等，一般很少课征财产税。

随着改革开放的不断深入，我国社会财富的分配形成了新的格局：一是随着以公有制为主导、多种经济成分并存的多元化经济结构的确立，居民收入水平提高，非国有财产大量增加；二是伴随着"鼓励一部分人先富起来"的政策的推行，居民之间收入水平差距拉大，个人之间财产的占有量较为悬殊。针对这种情况，国家先后恢复开征财产税的相关税种。我国现行财产税制主要包括房产税、契税、车船税和车辆购置税等税种。

2. 财产税的类型

根据不同标准，财产税可以分为多种形式。以课征范围为标准，财产税可分为一般财产税和特种财产税。一般财产税也称综合财产税，是对纳税人所拥有的全部财产，按其综合计算的价值进行课征的一种财产税。理论上是如此，但现实中一般财产税并非将纳税人所有的财产都作为计税依据，在课征时通常要考虑到对一定货币数量以下的财产和纳税人日常生活必需品的免税，以及负债的扣除，有的国家一般财产税中还规定了起征点。特种财产税也称特别财产税或个别财产税，是对纳税人的某种财产单独课征的一种财产税，如对土地课征的土地税或地产税、对房屋课征的房产税、对土地和房屋合并征收的房地产税等均属于个别财产税。个别财产税在课征时一般不需要考虑免税和扣除。

以征税对象为标准，财产税可分为静态财产税和动态财产税。静态财产税是对一定时期处于相对静止状态的财产，按其数量或价值进行课征的财产税。如地产税、房产税等均属于静态财产税。其特点是在征收时间上有一定的规律性，通常是定期征收，如房产税一般都是实行按年征收。动态财产税是对财产所有权的转移或变动（如继承、赠与和增值等）征税，即对因无偿转移而发生所有权变动的财产按其价值所课征的财产税，如遗产税、继承税等。动态财产税是以财产所有权的变动和转移为前提课征的，其特点是在财产交易时一次性征收，如遗产税是在发生遗产继承行为时一次性征收的。

以计税依据为标准，财产税可分为从量财产税与从价财产税。从量财产税是指以纳税人的应税财产数量为计税依据，实行从量定额征收的财产税。其特点是纳税人应纳税额的多少，完全取决于其拥有财产的数量，而与其财产的价值无关，因而从量财产税一般不受价格变动的影响。从价财产税是指以纳税人的应税财产的价值为计税依据，实行从价定率征收的财产税。其特点是纳税人应纳税额的多少，视其所拥有财产的价值大小而定，因而从价财产税通常受价格变动的影响较大。从价财产税又可分为财产价值税和财产增值税。所谓财产价值税，就是对拥有所有权或使用权的财产的全部价值计算课征的财产税。在现实中，财产的计税价格又有原始价、重置价和市场价之分。所谓财产增值税，是指对出售或清理资产，售出收入超过购入价格而产生的增值额的课税，即只对财产的现值超过原值的增值部分征税，而不考虑财产的总价值或财产净值。

（二）财产税的一般特征及其优缺点

1. 财产税的一般特征

从财产课税体系的历史发展及当今各国的财产课税制度来看，财产税的一般特征主要表现在以下几个方面：

一是财产税是对财富的存量课税。作为财产税课税对象的财产，一般是在某一时点个人拥有并受其支配的财富，从整个社会来看，是社会财富处于存量的部分。相对于就商品流转额课征的商品税和就所得额课税的所得税，财产税的课税对象具有明显的非流动性的特点。

二是财产税多属于直接税，其税负较难转嫁给他人。财产税主要是对使用、消费过程中的财产征收的，而对生产、流通中的财产不征税，因此，财产税很少有转嫁的机会。

三是财产税一般作为地方税种。与商品税和所得税相比，财产税的课税对象是固定的，而不是流动的，因而财产税具有分散、区域性等特点，由地方政府征收便于掌握和控制税源，所以许多实行分税制的国家大多将财产课税归入地方税体系，作为地方政府的收入来源。

2. 财产税的优缺点

财产税的优点体现为三点。一是比较符合税收的量能纳税原则。财产是测量社会成员纳税能力的一个重要尺度，即有财产者就有纳税能力。不论按财产价值征税，还是按财产收益征税，都适合社会成员的纳税能力，都能体现公平负担的原则。二是有利于调节收入分配。财产税作为一种直接税，可以防止财产过于集中于社会少数人，调节财富的分配，体现社会分配的公正性。在调节纳税人财产收入方面，财产税可以弥补所得税和流转税的不足。三是财产税收入较稳定。由于财产具有相对稳定性，财产税不易受经济变动等因素的影响，税收收入稳定可靠；加之土地、房产等不动产的位置固定，标志明显，税收不易逃漏，作为课税对象具有收入上的稳定性。

但财产税也有一定的缺点，表现为：一是财产税在收入上弹性小，不能随着财政的需要而筹集资金；二是财产税的征税范围难以普及纳税人的全部财产，无形财产不易征税，造成税负的不公平和不合理；三是财产税一般都是从价计征，估价工作较为复杂，加大了税收征管的工作量和成本；四是财产税容易打击人们投资、工作和储蓄的积极性，从而妨碍资本的形成和积累，影响经济的发展。正因为存在上述缺陷，在现代市场经济条件下，财产税已不再是世界各国税制中的主体税种，而是税制结构中的辅助税种。

二、房产税

房产税是以房产为征税对象，依房产价格或房租收入向产权所有人或经营人征收的一种税。

中华人民共和国成立后，中央人民政府政务院于 1951 年 8 月颁布了《中华人民共和国城市房地产税暂行条例》，规定在城市中的房屋合并征收房产税和地产税，称为城市房地产税。1973 年简化税制，把对企业征收的这个税并入了工商税。党的十一届三中全会以后，为了发挥税收的经济杠杆作用，国务院决定 1984 年 10 月对国有企业实行第二步利改税和改革工商税制时，确定恢复征收城市房地产税。同时，鉴于我国城市土地属于国家所有，使用者没有土地所有权的实际情况，将城市房地产税分为房产税和土地使用税，并于 1986 年 9 月 15 日由国务院颁布了《中华人民共和国房产税暂行条例》，同年 10 月 1 日起正式实施。从此，对国内的单位和个人在全国范围内全面征收房产税。

征收房产税，有利于运用税收经济杠杆，促进和加强对房屋的管理，提高房屋的使用效益，有利于控制固定资产投资规模和配合房产政策的改革，合理调节房产所有人和经营人的收入。房产税目前是我国地方政府财政收入的重要来源之一。

（一）征税范围和纳税人

1. 征税范围

所谓房产，是指以房屋形态表现的财产，即有屋面和围护结构（有墙或两边有柱），能够遮风避雨，可供人们在其中生产、工作、学习、娱乐、居住或储藏物资的场所。与房屋不可分割的各种附属设施或不单独计价的配套设施，也属于房产，应一并征收房产税；但独立于房屋之外的建筑物（如水塔、围墙、烟囱等），因其不属于房产，不对其征收房产税。

房产税在城市、县城、建制镇和工矿区征收。其中，城市是指国务院批准设立的市。城市的征税范围为市区和郊区，不包括农村；县城是指未设立建制镇的县人民政府所在地；建制镇是指经省、自治区、直辖市人民政府批准设立的建制镇，建制镇的征税范围为镇人民政府所在地，不包括所辖的行政村；工矿区是指工商业比较发达，人口比较集中，符合国务院规定的建制镇的标准，但未设立建制镇的大中型工矿企业所在地，开征房产税的工矿区须经省级人民政府批准。房产税的征税范围不包括农村，其主要目的是减轻农民负担，因为农村的房屋除农副业生产用房外，大部分是农民居住用房。农村房屋不纳入房产税征税范围，有利于农业发展，繁荣农村经济和促进社会稳定。

2. 纳税人

房产税以在征税范围内的房屋产权所有人为纳税人，具体包括经营管理单位、集体单位和个人、房产承典人、房产代管人或使用人。

（1）产权属于国家所有的，由经营管理的单位缴纳；产权属集体和个人所有的，由集体单位和个人纳税。

（2）产权出典的，由承典人缴纳。所谓产权出典，是指产权所有人将房屋、生产资料等的产权，在一定期限内典给他人使用而取得资金的一种融资业务。这种业务大多发生于出典人亟须用款，但又想保留产权回赎权的情况。承典人向出典人交付一定的典价之后，在质典期内即可获得抵押物品的支配权，并可转典。产权的典价一般要低于卖价。出典人在规定期间内须归还典价的本金和利息，方可赎回出典房屋等的产权。由于在房屋出典期间，产权所有人已无权支配房屋，因此，税法规定由对房屋具有支配权的承典人为纳税人。

（3）产权所有人、承典人不在房产所在地的，或者产权未确定及租典纠纷未解决的，由房产代管人或者使用人缴纳。所谓租典纠纷，是指产权所有人在房产出典和租赁关系上，与承典人、租赁人发生各种争议，特别是权利和义务的争议。对产权归属不清或租典纠纷尚未解决的房产，规定由代管人或使用人为纳税人，主要目的在于加强征收管理，保证房产税及时入库。

（4）纳税单位和个人无租使用房管部门、免税单位、纳税单位的房产，由使用人代为缴纳房产税。

上述产权所有人、经营管理单位、承典人、房产代管人或者使用人，统称为纳税义务人（简称"纳税人"）。

（二）计税依据和税率

1. 计税依据

房产税分为从价计征和从租计征两种计算缴纳形式。

从价计征的，考虑到房屋的自然损耗因素，为了计算便利，房产税依照房产原值一次减除10%~30%后的余值计算缴纳，具体减除幅度，由省、自治区、直辖市人民政府规定。其中，房产原值是指纳税人按照会计制度规定，在账簿"固定资产"科目中记载的房产原值。凡按会计制度规定在账簿中记载有房屋原值的，应以房屋原值按规定减除一定比例后作为房产余值计征房产税。对纳税人未按照会计规定记载的，在计征房产税时，要按规定调整房产原值。对房产原值明显不符的，要重新予以评估。对没有房产原值作为依据的，由房产所在地税务机关参考同类房产核定。房产原值的计算范围应包括与房屋不可分割的各种附属设备或一般不单独计算价值的配套设施。纳税人对原有房屋进行改建、扩建的，要相应增加房屋的原值。在计算房产余值时，房产原值的具体减除比例由省、自治区、直辖市人民政府在税法规定的减除幅度内自行确定。这样规定，既有利于各地区根据本地情况，因地制宜地确定计税余值，又有利于平衡各地税收负担，简化计算手续，提高征管效率。

独立的地下建筑物在进行 10%~30% 的扣除前对房产的原值进行确认：地下建筑物为工业用途的，以房屋原值的 50%~60% 作为应税房产原值；地下建筑物为商业及其他用途的，以房屋原值的 70%~80% 作为应税房产原值。

从租计征的，以房产租金收入为房产税的计税依据。房屋租金收入是房屋产权所有人出租房产使用权所取得的报酬，包括货币收入和实物收入。对以劳务或其他形式作为报酬抵付房租收入的，应根据当地同类房产的租金水平，确定一个标准租金额，依率计征。出租的地下建筑，按照出租地上房屋建筑的有关规定计税。如果纳税人对个人出租房屋的租金收入申报不实或不合理，税务部门可采取科学合理的方法核定其应纳税额。

对投资联营的房产，在计征房产税时应予区别对待。对于以房产投资联营，投资者参与投资利润分红，共担风险的，以房产余值作为计税依据按从价计征房产税；以房产投资，收取固定收入，不承担联营风险的，实际是以联营名义取得房产租金，对其应由出租方按不含增值税的租金收入计算缴纳房产税。

对于融资租赁房屋的情况，由于租赁费包括购进房屋的价款、手续费、借款利息等，与一般房屋出租的"租金"内涵不同，且租赁期满后，当承担方偿还最后一笔租赁费时，房屋产权要转移到承租方，这实际上是一种变相的分期付款购买固定资产的形式，所以在计征房产税时应以房产余值计算征收。

2. 税率

房产税采用比例税率。依照房产余值计算缴纳的，税率为 1.2%；依照房产租金收入计算缴纳的，税率为 12%。个人出租住房（不分出租后用途），优惠税率为 4%。

从价计征的房产税应纳税额的计算公式如下：

应纳税额=应税房产原值×（1-扣除比例）×1.2%

从租计征的房产税应纳税额的计算公式如下：

应纳税额=租金收入×12%

（三）减税免税

房产税减税免税的范围如下：

第一，国家机关、人民团体、军队自用的房产免征房产税。其中，人民团体是指经国务院授权的政府部门批准设立或登记备案并由国家拨付行政事业费的各种社会团体，如从事广泛群众性社会活动的团体，从事文学艺术、美术、音乐、戏剧的文艺工作团体，从事社会公益事业的社会公益团体等。自用的房产是指这些单位本身的办公用房和公务用房。这些单位的出租房产以及非自身业务使用的生产、营业用房，不属于免税范围。

第二，由国家财政部门拨付事业经费的单位（包括实行差额预算管理的事业单位）自用的房产免征房产税。自用的房产是指这些单位本身的业务用房。企业办的各类学校、医院、托儿所、幼儿园自用的房产，可以比照由国家财政部门拨付事业经费的单位自用的房产，免征房产税。

第三，宗教寺庙、公园、名胜古迹自用的房产免征房产税。宗教寺庙自用的房产是指举行宗教仪式等的房屋和宗教人员使用的生活用房屋。公园、名胜古迹自用的房产，是指供公共参观游览的房屋及其管理单位的办公用房屋。但是，对公园、名胜古迹中附设的营业单位，如影剧院、饮食部、茶社、照相馆等所使用的房产及出租的房产，应征收房产税。

第四，非营利性医疗机构、疾病控制机构、妇幼保健机构等自用的房产，免征房产税。营利性医疗机构取得的收入直接用于改善医疗卫生条件的，自其取得执业登记之日起3年以内，对其自用的房产免征房产税。

第五，个人拥有的非营业用房产免征房产税。为照顾我国城镇居民目前住房的实际状况，鼓励个人建房、购房、改善住房条件，配合城市住房制度的改革，对个人所有的非营业用房产给予免税。但对个人所有的营业用房或出租等非自用的房产，应按照规定征收房产税。

第六，老年服务机构自用的房产。对政府部门和企事业单位、社会团体以及个人等社会力量投资兴办的福利性、非营利性的老年服务机构，包括老年社会福利院、敬老院、养老院、老年服务中心、老年公寓、老年护理院、康复中心、托老所等，其自用的房产，免征房产税。

第七，为鼓励利用地下人防设施，对于营业用的地下人防设施，暂免征房产税。

第八，经有关部门鉴定的毁损不堪居住的房屋和危险房屋，在停止使用后，免征房产税。

第九，对微利企业和亏损企业的房产，可由地方根据实际情况在一定期限内暂免征房产税。

第十，企业停产、撤销后，对其原有房产闲置不用的，经省级地税局批准暂不征收房产税。

第十一，基建工地为基建施工建造的各种临时性房屋，在施工期间，免征房产税。

第十二，房屋大修停用在半年以上的，经纳税人申请，税务机关审核，在大修期间免征房产税。

第十三，个人以标准价向单位购买公有住房，以及通过集资、合作建房等形式取得住房，用于自住的，免征该住房个人出资部分的房产税。

第十四，从 2001 年 1 月 1 日起，对个人按市场价格出租的居民住房，暂减按 4% 的税率征收房产税。

第十五，经过财政部批准减免税的其他房产。

此外，纳税人缴纳房产税确有困难的，可由所在省、自治区、直辖市人民政府确定，对其定期减征或者免征房产税。

房产税按年征收、分期缴纳，具体纳税期限由省、自治区、直辖市人民政府确定。房产税由房产所在地的税务机关征收管理。

纳税人应依照当地税务机关的规定，将现有房屋的坐落地点、数量、房屋的原值或租金收入等情况，据实向税务机关办理纳税申报登记，并根据规定纳税。纳税人住址变更、产权转移、房屋原值或租金收入有变化时，要及时向税务机关申报。

三、 契税

契税是指在土地、房屋权属发生转移时，向土地、房屋的产权承受人征收的一种税。契税是一个古老的税种，在我国有悠久的历史，它起源于 1600 多年前东晋的"估税"。中华人民共和国中国成立后，政务院于 1950 年 3 月 31 日发布了《中华人民共和国契税暂行条例》，规定凡土地、房屋的买卖、典当、赠与或交换，都要缴纳契税。1954 年 6 月经政务院批准，财政部对《契税暂行条例》进行了部分修改。土地改革完成后，国家规定土地属于国家和集体所有，不得自由买卖。此后契税仅限于对房屋的买卖、典当、赠与或交换而发生所有权转移时征收，契税的征收范围大大缩小。到 1956 年，随着社会主义改造的基本完成，城市的私有房屋大部分转为国家或集体所有，个人转移房产的现象大量减少，契税的税源近乎枯竭，有的省、市先后停征了契税。

改革开放后，国家重新调整了土地、房屋管理的有关政策，房地产市场逐步得以恢复和发展。为适应新形势的要求，1981 年 11 月财政部发出《关于改进和加强契税征收管理工作的通知》，要求各地加强对契税的征收管理。1997 年 4 月 23 日国务院审议通过了新的《中华人民共和国契税暂行条例》，该条例于 1997 年 7 月 7 日颁布并自同年 10 月 1 日起施行。2021 年 9 月 1 日起，《中华人民共和国契税法》施行，1997 年 7 月 7 日国务院发布的《中华人民共和国契税暂行条例》同时废止。新的契税条例的颁布，使我国契税立法得到了进一步完善，使契税征管更加规范。

（一）征税范围和纳税人

1. 征税范围

契税以在我国境内发生权属转移的土地和房屋为征税对象。土地权属转移是指土地使用权的转移。土地使用权是指土地使用者依法取得土地上的实际经营权和利用权，在相应的法律规定范围内，对享有的土地占有、使用和部分收益、处分的权利，即具有使用土地主体资格的单位或个人，按照法定程序办理土地使用权的申请、发证等手续，经法律确认具有使用土地的权利。土地使用权的转移包括土地使用权出让和土地使用权转让两种方式。房屋权属转移是指房屋所有权的转移，包括买卖、赠与和交换三种方式。房屋所有权是指房屋所有人对自己的房屋享有的占有、使用、收益和处分的权利，即对房屋的占有权、使用权、收益权、处分权。

契税的具体征税范围如下：

（1）国有土地使用权出让。国有土地使用权出让是指土地使用者向国家交付土地使用权出让费用，国家将国有土地使用权在一定年限内让与土地使用者的行为。具体来讲，就是国家按照土地所有权和土地使用权两权分离的原则，以土地所有者的身份，依法授权省、市、县人民政府，在规定权限内，将国有土地中符合土地利用总体规划、城市规划和年度建设用地计划的土地使用权，在一定年限内让与土地使用者，由土地使用者向国家一次性支付土地使用权出让金的行为。

（2）土地使用权转让。土地使用权转让，是指土地使用者以出售、赠与、交换或者其他方式将土地使用权转移给其他单位和个人的行为，包括国有土地使用权转让和集体土地使用权转让。土地使用权出售，是指土地使用者以土地使用权作为交易条件，取得货币、实物、无形资产或者其他经济利益的行为。土地使用权赠与，是指土地使用者将土地使用权无偿转让给受赠者的行为。土地使用权交换，是指土地使用者之间相互交换土地使用权的行为。土地使用权转让应当签订书面转让合同。土地使用权在规定的使用年限内可以多次转让，但无论转移到哪里，国家与土地使用者的权利义务关系仍是土地出让合同规定的权利义务。土地使用权转让时，其地上建筑物、附属物的所有权应随之转移，并依照规定办理权属变更登记手续。集体土地使用权按国家有关规定转让。

土地使用权转让不包括农村集体土地承包经营权的转移。我国现行法律规定，集体所有的或者国家所有的由农业集体经济组织使用的土地、山岭、草原、荒地、滩涂、水面，可以由个人或者集体承包经营，从事农、林、牧、渔业生产。土地承包经营是在土地使用权属未发生转移的情况下，对土地实行经营、管理的方式。土地使用权是一种对物权，土地承包经营权是一种授权，因而不属于《中华人民共和国契税暂行条例》规定的土地使用权转让范围。

（3）房屋买卖。房屋买卖，是指房屋所有者将其房屋出售，由承受者交付货币、实物、无形资产或者其他经济利益的行为。

（4）房屋赠与。房屋赠与，是指房屋所有者将其房屋无偿转让给受赠者的行为。其中，将自己的房屋转交给他人的法人和自然人，称作房屋赠与人；接受他人房屋的法人和自然人，称为受赠人。房屋赠与的前提必须是，产权无纠纷，赠与人和受赠人双方自愿。由于房屋是不动产，价值较大，故法律要求赠与房屋应有书面合同（契约），并到房地产管理机关或农村基层政权机关办理登记过户手续，才能生效。

如果房屋赠与行为涉及涉外关系，还需公证处证明和外事部门认证，才能生效。房屋的受赠人要按规定缴纳契税。

（5）房屋交换。房屋交换是指房屋住户、用户、所有人，在双方之间或多方自愿的基础上，相互交换房屋的使用权和所有权。其行为的主体有公民、房地产管理部门以及企事业单位、机关团体。交换的标的性质有公房（包括直管房和自管房）、私房，标的种类有住宅、店面及办公用房等。交换行为的内容包括房屋使用权交换和房屋所有权交换。交换房屋使用权的，由于没有发生房屋所有权的转移，不属于契税征税范围。交换房屋所有权的，按房地产管理的相关规定，交换双方须到有关部门办理权属变更登记手续，属于契税征收范围。交换房屋所有权，双方交换价值相等的，免纳契税，办理免征契税手续；其价值不相等的，按超出部分缴纳契税。

（6）土地、房屋权属以下列方式转移的，视同土地使用权转让、房屋买卖或者房屋赠与征收契税。

第一，以土地、房屋权属作价投资、入股。以土地、房屋做投资或做股权转让亦属土地、房屋权属转移，应根据国家房地产管理的有关规定，办理房地产产权交易和产权变更登记手续，由产权承受方缴纳契税。以自有房产作股投入本人经营企业的，由于产权所有人和使用权人未发生变化，不须办理房产变更登记手续，也无须缴纳契税。

第二，以土地、房屋权属抵债。在经当地政府和有关部门批准，债务人以自有的房屋所有权、土地使用权向债权人抵偿债务时，由于发生了房屋所有权、土地使用权的转移，因而视同房屋买卖和土地使用权转让征收契税。

第三，以获奖方式承受土地、房屋权属。以获奖方式承受房屋权属，其实质是接受赠与房屋，应当视同房屋赠与，应由获奖人按规定缴纳契税。

第四，以预购方式或者预付集资建房款方式承受土地、房屋权属。以预购方式或者预付集资建房款方式承受土地、房屋权属的，应当视同土地使用权转让或者房屋买卖，由土地使用权或者房屋所有权的产权承受人按规定缴纳契税。

土地、房屋权属（指土地使用权、房屋所有权）是否发生变更转移，是确定土地、房屋交易行为是否纳入契税征税范围的标准。凡纳入契税征税范围的土地、房屋交易行为必须同时具备三个条件。一是转移的客体为土地使用权和房屋所有权。二是土地、房屋权属必须转移。首先，土地、房屋发生转移，由一方转给另一方；其次，产权人关系发生变更，由一个产权人变为另一个产权人。三是行为双方有"经济利益"关系。依据上述三个条件，如转让土地、出租房屋，土地、房屋的抵押和土地、房屋的继承不在征税范围之内，不征收契税。非继承人承受遗赠房屋，属于赠与性质，应按赠与行为征收契税。抵押期满，发生权属变更的抵押房屋，也属于契税的征税范围。

2. 纳税人

在中华人民共和国境内转移土地、房屋权属，承受的单位和个人为契税的纳税人，具体包括企业单位、事业单位、国家机关、军事单位、社会团体和其他组织，以及个体经营者及其他个人（包括外籍人员）。

此外，土地使用权交换、房屋所有权交换、土地使用权与房屋所有权相互交换，其纳税人为补偿差额部分的一方；以划拨方式取得土地使用权，经批准转让房地产时，其房地产转让者应补缴契税。

（二）计税依据和税率

1. 计税依据

国有土地使用权出让、土地使用权出售、房屋买卖，这三类权属转让的计税依据为交易的成交价格。成交价格，是指土地、房屋权属转移合同确定的价格，包括承受者应交付的货币、实物、无形资产或者其他经济利益。这样规定的好处在于与城市房地产管理法和有关房地产法规规定的价格申报制度相一致，在现阶段有利于契税的征收管理。

土地使用权赠与、房屋赠与的计税依据由征收机关参照土地使用权出售、房屋买卖的市场价格核定。这是因为土地使用权赠与、房屋赠与属于特殊的转移形式，无货币支付，在计征税额时只能参照市场上同类土地、房屋价格计算应纳税额。

土地使用权交换、房屋交换的计税依据为所交换的土地使用权、房屋的价格的差额。土地使用权交换、房屋交换，其交换价格不相等的，由多交付货币、实物、无形资产或者其他经济利益的一方缴纳税款；交换价格相等的，免征契税。

以划拨方式取得土地使用权的，经批准转让房地产时，应由房地产转让者补缴契税，其计税依据为补缴的土地使用权出让费用或者土地收益。

此外，对于成交价格明显低于市场价格且无正当理由的，或者所交换的土地使用权、房屋的价格差额明显不合理且无正当理由的，由征税机关参照市场价格核定税额，其目的是防止纳税人隐瞒、虚报成交价格。

2. 税率

契税实行幅度比例税率，税率为3%～5%。各地具体的适用税率，由省、自治区、直辖市人民政府在规定的幅度内按照本地区的实际情况确定。这主要是考虑到全国各地经济和房地产市场发展的不平衡状况，使各地执行时有较大的灵活性，可以更好地照顾到各方面的情况，增强地方政府对房地产市场的调控能力，充分发挥和调动地方管理税收的积极性。

（三）减税免税

有下列情形之一的，减征或者免征契税：

第一，国家机关、事业单位、社会团体、军事单位承受土地、房屋用于办公、教学、医疗、科研和军事设施的，免征契税。企业事业组织、社会团体、其他社会组织和公民个人经过有关主管部门批准，利用非国家财政性教育经费面向社会举办教育机构，承受土地、房屋用于教学的，也可以免税。这里所称用于教学的，是指教室（教学楼）以及其他直接用于教学的土地、房屋；所称用于医疗的，是指门诊部以及其他直接用于医疗的土地、房屋；所称用于科研的，是指科学试验的场所以及其他直接用于科研的土地、房屋；所称用于军事设施的，是指地上和地下的军事指挥作战工程，军用的机场、港口、码头，军用的库房、营区、训练场、试验场；军用的通信、导航、观测台站，以及其他直接用于军事设施的土地、房屋。其他直接用于办公、教学、医疗、科研的土地、房屋的具体范围，由各地省、自治区、直辖市人民政府确定。

第二，城镇职工按规定第一次购买公有住房（含按政策经批准的集资房、房改房）的，免征契税。这里所称的城镇职工第一次购买的公有住房，是指经县以上人民政府批准，在国家规定标准面积以内购买的公有住房。购买的公有住房超过国家规定标准面积的部分，仍应按照规定缴纳契税。

第三，因不可抗力灭失住房而重新购买住房的，酌情准予减征或者免征。这里所称的不可抗力，是指自然灾害、战争等不能预见、不能避免并不能克服的客观情况。

第四，土地、房屋被县级以上人民政府征用、占用后，重新承受土地、房屋权属的，是否减征或者免征契税，由省、自治区、直辖市人民政府确定。

第五，纳税人承受荒山、荒沟、荒丘、荒滩土地使用权，用于农、林、牧、渔业生产的，免征契税。

第六，依照我国有关法律规定以及我国缔结或参加的双边和多边条约或协定的规定应当予以免税的外国驻华使馆、领事馆、联合国驻华机构及其外交代表、领事官员和其他外交人员承受土地、房屋权属的，经外交部确认，可以免征契税。

第七，财政部规定的其他减征、免征契税的项目。

凡经批准减征、免征契税的纳税人，改变有关土地、房屋的用途，不再属于减免税范围的，应当补缴已经减征、免征的契税税款，其纳税义务发生时间为改变有关土地、房屋用途的当天。

契税的征收机关为土地、房屋所在地的财政机关或者地方税务机关，具体征收机关由省、自治区、直辖市人民政府确定。纳税人应当自纳税义务发生之日起 10 日内，向土地、房屋所在地的契税征收机关办理纳税申报，并在契税征收机关核定的期限内缴纳税款。纳税人办理纳税事宜后，契税征收机关应当向纳税人开具契税完税凭证。纳税人应当持契税完税凭证和其他规定的文件材料，依法向土地管理部门、房产管理部门办理有关土地、房屋的权属变更登记手续。纳税人未出具契税完税凭证的，土地管理部门、房产管理部门不予办理有关土地、房屋的权属变更登记手续。

企业改制、事业单位改制、公司合并、公司分立、资产划转、某些情况的企业破产、债权转股权、公司股权（股份）转让均免征契税，划拨用地出让或作价出资对承受方征税，企业破产时，债权人（包括破产企业职工）承受破产企业抵偿债务的土地、房屋权属，免征契税；对非债权人承受破产企业土地、房屋权属，凡按照《中华人民共和国劳动法》等国家有关法律、法规、政策妥善安置原企业全部职工，与原企业全部职工签订服务年限不少于三年的劳动用工合同的，对其承受所购企业土地、房屋权属，免征契税；与原企业超过 30%的职工签订服务年限不少于三年的劳动用工合同的，减半征收契税。

第五章 税收征管效率

第一节 税收征管效率基本理论及其影响因素

一、税收征管效率的理论内涵和相关概念

(一) 税收征管效率内涵

税收征管，也即税收征收管理，是国家征税机关依据国家税收法律、行政法规的规定，按照统一的标准，通过一定的程序，对纳税人应纳税款依法组织收缴、入库的活动。[①]
根据2001年《中华人民共和国税收征管法》的规定，税收征收管理包括税务登记、账簿凭证管理、纳税申报、税款征收、税务检查、税收法律责任等内容。税收征管是税务机关实施税法、征收税收的活动过程。我国税收征管工作的基本目标是提高税收征管质量和效率、促进纳税遵从 (国家税务总局，2012)。通常而言，效率描述的是花费时间、努力和成本完成任务或目的的程度，在经济学中，效率反映了投入和产出之间的关系，当可以用更少的投入获得预期的产出，或在既定投入下可以获得更多的产出时，则是有效率，反之则是低效率。[②]

税收征管效率，是指税收征管成果与征管付出之间的数值比较关系，是税收征管质量和数量的综合反映。根据胡荣桂 (2000) 的界定，税收征管成果主要体现为税收收入、调节收入分配、促进经济稳定和增长等。税收征管成本包括：其一，征税成本，即税务机关征税花费的行政管理费用及其他支出；其二，纳税成本，即纳税人在纳税过程中所发生的费用；其三，由于税务机关放弃对一部分纳税人的管理或纳税人偷逃税款导致税收收入的损失所产生的机会成本。[③]

狭义的税收征管成果则主要是税务机关征得的税收收入，狭义的征管付出或成本则主要是指税务机关在具体的税收管理过程中所耗费的人力和物力。在工作和研究中通常所说

[①]税收征管法知识问答 [N]. 人民日报，2007-04-03 (014).

[②]Paul Heyne . "Efficiency". Concise Encyclopedia of Economics. Indianapolis：Library of Economics and Liberty，2008.

[③]胡荣桂. 浅论税收征管效率 [J]. 税务研究，2000，(5)：58-62.

的税收征管效率是基于狭义的税收征管成果和征管成本而言的。换而言之，狭义的税收征管效率是指税务机关征收过程中自身的效率，是税务机关征得的税收与征税所花费的人力、物力和财力的对比关系，反映了税务机关工作的效率。在既定的时空中，一个税务机关征得特定的税收收入，若投入的人力、财力、物力越少则征管效率越高，反之则反是。本课题的研究对象为狭义的税收征管效率。

（二）税收征管效率相关概念

1. 税收效率

效率与公平是设税和治税的两大基本原则，税收效率包括税收经济效率和税收行政效率。[①] 税收经济效率是指征税给微观经济活动带来的效率损失或超额负担最小化，税收应体现整个社会资源最优配置的要求，发挥税收的经济调节作用，促进经济运作的效率化。税收征管效率作为税收效率原则的重要内容，与税收经济效率相关联，高效的税收征管有助于降低税收对经济活动的扭曲，发挥税收的经济调节作用，实现税收经济效率；税收经济效率的提高，税收超额负担的降低，将为税收征管创造良好的条件，从而促进税收征管成本的降低、税收征管效率的增进。

2. 税收征管成本

在税收征收过程中，税务机关和纳税人总是要付出一定的成本，税务机关要耗费人力、物力和财力发生征管成本，个人、企业等纳税人在纳税过程中除缴纳税款之外，还产生额外时间和费用等。通常所说的税收征管成本，主要为税务机关自身在征收过程中产生的成本。税收征管效率的提高，意味着征收单位税收所花费人力、物力成本的降低，税务人员人均征税额、税收费用率的提高。降低税收征管成本是提高税收征管效率的重要路径。由于在税制相同情况下，税基的扩大会使同样的征管人力、物力投入增大，征得税收收入增加，税基是考察税收征管效率时的重要投入变量。税收征管成本低，并不必然说明税收征管效率高，若忽略税收征管中的税基因素，仅通过征管成本难以发现真实的税收征管效率水平。

3. 税收能力和税收努力

税收能力分为征税能力和纳税能力。纳税能力主要取决于税源状况、纳税人负担税收的能力、纳税人税收知识和纳税意识等；征税能力主要体现在税务部门人员素质水平、征管经验和技术水平等税务部门内部客观因素。税收努力则主要体现在税务部门人员在税收

---

①李建军. 中国税收征管效率实证研究 ［M］. 成都：四川大学出版社，2015：14.

征管过程中的敬业状况、努力程度等主观方面。

征税能力和税收努力两者是税收征管效率的直接作用力。对纳税能力来讲，一方面，纳税人的纳税能力将为税收征管效率的提高提供基础和条件；另一方面，由于当前预算管理制度下，人大预算批准侧重于平衡状态，这使税务机关的税收征管工作受收入预算约束。纳税能力通过作用于税收努力又对税收征管效率产生影响。

二、 税收征管效率的研究框架

税收征管效率问题是一个实践性和理论性兼备的重要课题。其实践或政策性主要体现在四方面。其一，提高税收征管效率、降低征税成本是税务机关管理工作的重要目标和任务，同时也是节省征税费用，使更多的税收用于设税目的——公共服务供给的要求。其二，组织财政收入、资源配置、收入分配、经济稳定和增长是税收的基本职能；在当代，政治家、经济学家、法学家、实务专家、立法工作者及社会公众等，以前所未有的广度和深度参与税收制度制定，力图使税收更好地实现其职能，增进社会整体福利；而有效的税收征管是保障税收政策和制度有效发挥作用、实现税收职能的基础。其三，分税制改革以来，我国税收收入持续超 GDP 增长。研究税收征管效率有助于更准确地把握税收收入变动趋势，增强预算安排的科学性。其四，研究征管效率的制度效应，有助于税种优化和税制体系的优化，制定合理的税制改革政策。此外，还将对于改善税收服务、建立和谐的税收征纳关系、构建和谐社会做出贡献。

要达到税收征管效率研究的实践目的，需要对税收征管效率进行深入系统的研究。税收征管效率研究主要包括以下七方面内容。①税收征管效率相关基础理论研究。主要回答税收征管效率是什么、为什么，征管效率相关内容框架，税收征管效率评价方法等。②税收征管效率评估。主要回答税收征管效率水平状况；由于不同税种有不同的课税对象、纳税人、计税方法、征管方式等，不同征税系统（国税、地税）的征管责任、征管体制、组织方式等不尽相同，因此，有必要按税种和税收系统分别进行细致评估。③税收征管效率的影响因素。主要回答税收征管效率高低差异和变动的原因，也即效率解问题。考虑到不同税种、不同征税系统具有不同的特征，其效率解及效率影响因素也存在差异，因而需要分征管系统和分税种，分别考察效率的影响因素。④税收征管效率的财政经济效应。主要回答税收征管效率的税收增长效应、税收征管效率对税收职能发挥的作用、税收征管效率与税制优化的关系、税收征管效率对个人或企业微观经济行为的影响等诸多相关问题，进而推出蕴含财税、经济等宏观和微观政策含义。⑤我国税务机关税收征管经验总结。通过对典型经验、做法的案例分析，形成提高税务机关征管效率的可推广性的有益经验。⑥对其他国家及地区税收征管制度及做法的梳理，总结出具有普遍适用性和借鉴价值的经验制度和做法，为我国税收征管制度的优化提供参考。⑦基于我国税收征管的现状、税收征管效率制约因素，吸取我国税收征管实践中的有益经验，借鉴国外税收征管有益制度和做法，形成提高我国税收征管效率的政策建议。

在以上七方面的研究中，相对准确地认识税收征管效率水平和效率解，在整个税收征管效率研究中处于基础和重要的位置。同时，考虑到税收征管效率是一个系统工程，涉及的内容非常丰富。

三、 中国税收征管效率的影响因素

从经济税源状况、机构设置状况、人员构成状况、征管成本状况和技术投入状况四个方面，对我国税收征管效率的影响因素逐一进行分析，在此基础上实现对中国税收征管效率状况的客观评价。

（一）经济税源状况

经济税源状况对税收征管效率有基础性的决定作用：一方面，一国经济税源的状况决定了该国政府税收收入的规模和结构，在很大程度上决定税收征管工作的产出水平，从而影响效率水平；另一方面，经济税源的集中化程度影响税收征管工作的复杂程度和规模效应，进而影响税收征管效率水平。在市场经济条件下，税收是对国民收入的再分配，因此，一定时期的税收收入总量和结构与该时期的经济发展状况密切相关。

在税收制度既定时，经济发展水平的高低决定了经济税源的多少。税收收入和征管成本的绝对量与经济发展水平呈现出一种正相关的关系：经济的增长会带来税收收入和征管成本的增长，反向亦然。

可见，一国的经济增长速度直接决定了该国经济税源的增量；同样地，在税收征管投入要素相对稳定的条件下，一个地区的经济增长速度对税收征管效率有着十分显著的影响，经济增长速度越快，经济税源增量就越大，税收征管也就越容易，税收征管效率就越高。

从绝对量上看，我国的国内生产总值水平自1994年以来一直呈较快的增长趋势，特别是2002年以后我国经济增长速度逐步加快，国内生产总值的增幅加大，这使我国的经济税源总量逐年上升。

在既定税制条件下，一个国家或地区的经济总量在基础上决定了税收收入的上限，较大的国民生产总值必然会带来税收收入的逐年稳步增加。在税收学中，通常用税源系数（总税源/GDP）的高低来反映一个国家或地区的经济税源丰裕程度，这是构成税收征管效率水平的基础和前提。经济发展的水平越高，经济税源就越广阔，税收征管的规模效率水平也就越高，征税难度相应越低，征管成本也就越低，所以税收征管效率就越高。

但在对经济税源的分析中，由于总税源的数据获取困难且估计值影响数据的准确性，因此用国家统计局公布的税收收入水平来表示总税源量，则税源系数可由宏观税负近似表示。

在国内生产总值稳步提升的前提下，宏观税负水平的提高可以在一定程度上扩大税收征管的规模效应，从而提高税收征管的效率水平。需要注意的是，我国对宏观税负的计算口径中不包括社会保险收入部分，而其他国家，特别是高福利国家的社会保障是作为社会保障税的形式征收的，因此宏观税负的计算中包含了社会保障税，使得这些国家的宏观税负远远大于中国的水平。由于统计口径的不同，对经济税源的比较不能仅从简单的宏观税负的比较上来分析。

改革开放以后我国经济税源的区域结构发生了重大变化，东部地区税收收入所占比重逐渐上升，而中部和东部所占比重不断下降。

经济税源地域性分布不平衡在一定程度上增加了税收征管的成本。西北、西南地区的经济税源相对不丰厚且分散的状况，必然会造成税源监控难度加大，征收也要加大成本投入，使得取得单位税收收入的成本加大，造成这些地区税收征管效率低于华东、华北地区的税收征管效率。

（二）人员构成状况

随着社会经济的发展，人力资源的投入（即人们在生产活动中投入的体力和脑力的总和）对税收征管的产出影响越来越重要。我国税收征管体系中的人员投入体现出数量多、效率低的特点，迫切需要对人员数量及其构成状况进行优化。

1. 中国税务人员规模分析

我国税收征管所投入的人员数量是世界上最大的。1994年分税制改革后，税务人员的数量就成倍增加，形成了目前全国税务征管系统的臃肿局面。我国税收征管人员的膨胀在造成征税成本绝对额增加的同时，还带来另外几个突出的问题：首先是人均税收贡献率偏低；二是税收征管人力资源的内耗问题严重；三是新增加的税务人员有许多不能马上投入到税收征管工作中，税务机关又要花费大量财力进行培训，使征管成本增加。因此，我国税收征管的大政府、机构臃肿状态，会不可避免地增加税收征管成本以及相关纳税成本，致使税收征管效率偏低。

2. 中国税务系统人员年龄结构状况

我国税务系统人员已经出现了老龄化现象，并逐步加重。由于受到人员编制等问题的限制，我国税务系统的人员补充也受到制约。很多基层税务机关平均年龄已经超过 44 岁，而年龄较大的基层税收征管员已不能胜任现代税收征管的要求，也不再学习新知识，造成税收征管效率偏低。

由于税务人员年龄结构老龄化的影响，在一些省、市，上下级税务机关之间出现了"脑体倒挂"现象，表现为：上级税务机关工作人员长期深居机关，对基层税收业务荒废已久，造成复合型人才与高级专业人才缺乏，使得高层决策能力和宏观管理水平较低，只能从事简单行政工作，不能结合征管工作中出现的新状况，提出新思路，难以准确指导下级开展业务；而下级税务机关中却有一些工作人员（特别是年龄在 30~40 岁之间的业务骨干），税收业务熟练、工作责任心强，却受人事管理制度的约束，难以发挥更大作用。

税务征管人员的基础文化程度并不是评价一国税收征管效率的一个显著指标，是否具有大学学位也不是评价一国税务征管人员业务水平的主要指标。

（三）税收征管成本状况

国际上一般用征收成本率和人均征税额两项指标来衡量税收征管成本。

1. 征收成本率

征收成本率是评价税收征管成本的指标中最普遍使用、最基本的指标。国际上许多国家，特别是发达国家都对税收征收成本率指标进行相关统计，对征收成本率进行统计可对同一时期、不同地区的税收征管成本进行横向比较，或对某一地区的不同时期的税收征管成本进行纵向的比较，因此其使用比较普遍。但我国没有组织进行标准的统计，仅能从零散的资料中定性分析其大概水平。

由于税收征管成本数据难以获得，目前国内尚没有统计机关的比较权威、完整、系统的征管成本统计资料，再加上征税成本率的计算除了所需要的有关税务行政费用的统计数据较易取得外，其他各种经费的统计相当困难。

2. 人均征税额

对税收征管成本水平的评价还可以采用人均征税额指标，人均征税额是指一定时期的税收收入总量与税务人员总数之间的比例，一般来说，人均征税额越低，征收成本越高。

影响人均征税额的直观因素是税收收入总量和税务人员总数，但从现实来看，很多反映税收征管效率的因素都可以影响人均征税额，如税收征管资源的配置合理性、技术应用能力、税收征管人员素质等。可见，人均征税额是反映税收征管效率水平的较好的指标。

在我国经济发展水平不断提高的前提下，各项税收收入总额也随之逐年提升，人均征税额的绝对量也逐年增加。人均征税额的水平高低与税务机关人数（代表税收征收成本）

和各项税收收入总额关系密切，在税收收入总额稳步提升的情况下，税务机关人数就成了提高人均征税额最显著的指标：当税务机关人数变化剧烈时，人均征税额的增长比例也明显变化。

我国税务机关的人均征税额虽有所上升，且快于同期 GDP 增长速度，这在一定程度上可以反映出税收征管效率的提升。但是，我国的税收征管成本水平依然远远落后于发达国家。

虽然我国的税收征管成本过高的问题较为突出，但长期以来，我国各级税务部门在评价税收征管情况时往往偏重于税收收入绝对数量、宏观税负等指标，在思想意识上却忽视了控制税收成本的问题（这从税收成本数据统计方面就可看出，从全国到地方的税收统计工作都没有把税收征管成本纳入官方统计中，而发达国家这方面的工作已比较完善），加之机构及部门设置繁杂、技术和信息系统投入不足、控制模式不理想等问题的存在，导致了税收成本严重偏高，形成了对税收征管效率的不利影响。

（四）技术投入分析

技术投入在税收征管体系中具有十分重要的作用，通过采用计算机手段和网络技术，不仅可以提高税收征管效率，而且能改善税收征管工作中税务机关的信息掌握状态。

我国的，税收征管的计算机技术改革起步于 20 世纪 80 年代，经过多年的积累和投入，税收征管的技术水平有了较大幅度的提高。特别是 2001 年"金税工程"二期建设展开以来，我国税收征管的信息化建设重点转移到税收征管信息系统的网络建设上，步入了全面发展的阶段。

近年来，根据信息安全工作形势，全国税务机关从管理上、技术上进一步加强了信息安全工作，具体包括：按照公安部的要求，完成税务系统安全等级的初步评定工作；根据《国家税务系统信息安全管理岗位及其职责》等税务系统内部信息安全风险评估准则和相应管理办法，开展了风险评估工作，摸清了安全漏洞以及隐患；扎实做好税务系统首期网络与信息安全防护体系运行和管理，对税务系统信息安全防护工作发挥了重要作用；积极开展二期网络与信息安全防护体系建设工作，为税务系统网络与信息安全提供了技术保障。

在应用系统平台建设方面，我国税务机关积极推进税务系统综合数据应用平台、内部数据传输平台、外部信息交换平台等基础性软件平台的建设工作，实现了纳税申报期限调整、企业所得税申报业务调整、预算科目调整、会统报表制度调整、个人所得税费用扣除标准调整、跨省市总分机构企业所得税分配及预算管理、消费税纳税申报业务需求、逾期货物运输发票认证和稽核业务需求、车辆购置税征管系统功能增加、废旧物资收购发票纳入稽核系统、国税系统代征城建税和教育费附加、机动车销售发票税控系统推行、增值税转型相关业务政策调整、非居民税收政策相关调整等，税收业务网上申报、缴纳工作得到落实。

总之，我国税收征管在信息化建设方面取得了较大的成绩，但也存在一些问题，主要包括以下方面：应用观念上重技术、轻业务；缺乏统一、科学、整体的系统设计；信息采集不畅，数据质量不高；地区发展不平衡、税收信息化的畸形发展；高、精、尖的技术人才匮乏，全员信息化素质不够高；技术及数据格式开发无统一规范的标准，严重影响了应用的开放性和信息化资源的共享性；缺乏统一的税收征管指标体系等。

从整体投入情况上来看，我国税收征管信息化建设投入仍显不足。从发达国家税收征管的经验来看，信息技术投入已经成为仅次于税务人员工资成本的第二大成本投入。

第二节　新时代提高税收征管效率的思路与建议

一、加强经济税源管理

（一）规范经济税源管理流程

经济税源管理流程就是税收征管部门对经济税源的信息采集、监控、分析的过程。从税收征管的角度看，就是对纳税人、经济环境或第三方获取信息，并进行分析、处理，对税收征管工作提供决策依据，使经济税源朝着既定的税收征管目标变化，从而达到管理的目的。一个完整的经济税源管理流程至少应具备信息采集、监控、分析等功能。

（二）强化对税务登记的管理

建立纳税人的户籍管理和身份识别制度，将纳税人纳入税收征管系统内进行统一管理。从发达国家的税收征管经验来看，强化税务登记管理是规范经济税源管理的有效手段。例如，意大利税法规定满 16 岁的公民都要到税务部门进行纳税人登记，领取代码卡；美国使用社会保障号码作为税务代码；澳大利亚对使用税务编码纳税给予一定程度的税收减免优惠政策；瑞典公民一出生就有十位数字的终身税务号码。可见，税收征管部门可以通过税务号码掌握纳税人的一切经济活动、收入来源及财产状况，并可以随时查阅纳税人的缴税情况。可见，强化税务登记管理为税务机关规范经济税源管理流程奠定了基础。

（三）各部门配合建立经济税源的综合治理体系

经济税源水平较高的国家，各政府部门和税务机关都十分重视涉税信息的管理网络建设，在立法上制定各部门的职能、责任和义务等，注重各级税务机关与其他政府各行政管理部门和机构的经济税源的资料交换和共享，以提高对经济税源的监控能力，建立经济税源信息传递和共享制度，形成全面、实时、动态的经济税源管理网络，提高对经济税源的实时监控能力，提升经济税源管理水平。

（四）建立健全纳税评估体系

纳税评估是税收征管部门综合运用和分析各类涉税信息，对纳税人的纳税申报情况做出真实性和准确性的判断。纳税评估能够降低征收风险，减少税收流失，解决申报异常问题，是提高税收征管效率的有效手段。纳税评估的业务流程主要包括数据采集、案头分析评估、派工核实、税务稽查、评价考核、征管建议。

纳税评估由所在区域税务署负责，较大规模企业的纳税评估则由其所在区域国税局负责，根据纳税评估分析的结果，确定有疑义的纳税人，交由其他专门人员进行税务约谈和税务调查。

（五）改革税收管理员制度

税收管理员制度是对重点经济税源进行监督和管理的有效手段，税收管理员制度可以有机结合"管事"和"管户"的税收征管工作，突出对重点经济税源监管的专业化和精细化特点。因此，应改革税收管理员制度，遵循"对重点税源精细化事项化管理、一般税源标准化指标化管理、零散税源社会化委托化管理"的管理方针，针对不同类别，实施分类管理。

二、 改革机构设置体系

（一）按经济和社会的实际设置机构

我国的税务部门除部分基层机构外，都是按行政区域来设置的，这种设置方式考虑区域管理的便利，但却忽视了经济社会的实际状况以及税收征管工作的现实需求因素。这样设置机构不利于税务机关摆脱行政约束，也不利于机构精简和征管成本的降低。

目前，许多国家在设置税务机构时，并不受制于行政区划，而是按照经济税源的发展状况、各类纳税人的密集程度、各税种税收的分布状况以及其他的社会综合发展情况设置税务机构。

相比较而言，按照经济社会实际设置税务机构更符合税收征管的需要，能够降低征管成本，提高税收征管效率。因此，税务机构的设置应当考虑经济发展水平、人口密集程度、经济税源分布以及其他经济社会实际状况。例如，某地（非行政区划概念）经济发达，税源充足，可以设立单独的税收征管机构，建立办税大厅，配备足够的税收征管资源。相反地，若一个地方经济水平欠发达，交通通信也不便利，经济税源状况较差，税收收入较少，那就没有必要按照行政区划也设立一个税收征管部门。

根据经济社会状况的不同可跨行政区域设置税收征管机构，如跨区域设置办税服务厅以提供优质的集中征收服务，跨区域设置信息中心以实现征管信息共享，国税地税联合跨区域设置机构以发挥资源整合效率。同样地，对一些边远地区、经济税源较少的地区，可以加大税收征管机构的撤并收缩力度，建立精简干练的税收征管机构体系，有效地降低征管成本，提高税收征管效率。

（二）设立扁平化税收征管机构

我国的税务机构设置从纵向上看是五层次的垂直层级制结构，每一级政府机关相应具有一级税务部门；从横向上看是下级税务部门设置比照上一级情况设立，横向的部门设立情况基本对称。这种机构设置的纵向层次过多，横向部门不灵活，容易造成征管资源的浪费，使税收征管工作信息传达不畅、程序烦琐，大大降低了税收征管的效率。

发达国家的税务机关通过重新构建组织结构，进一步精简机构，简化管理层次，提高了税收征管效率。

随着税收征管的信息化和网络化，税务机关对机构组织管理层次的依赖程度也在逐步降低。因此，我国的税收征管系统应当进行改革，减少纵向管理层次，合并横向部门，建立一种管理层次少、管理幅度大的扁平化税收征管机构。扁平化税收征管机构的行政管理层次减少，而管理幅度却有一定程度的增宽，办税积极性提高，信息畅通，决策执行质量提高，管理成本降低，从而使税收征管效率提高。

在纵向层级结构上，要构建信息化支持下的专业化管理格局，逐步建立一个科学、严密、高效的岗责制约和协调体系，减少管理的层次和环节，降低管理成本，提高征管效率。改革原来的五层次管理结构，设立三级层次结构的税务局：税务总局；省税务局；县（市）税务局，以县（市）税务局为基层局。税务总局侧重于决策，县（市）基层局侧重于执行，省级税务局起到了承上启下的作用。基层局可根据实际情况分设分局、支局（县），也可采用委托代征等征管方式。

在横向职能结构上，应对内设机构进行调整：将税政、征管、票证、法规、计财等税收业务类科室合并；设经济税源管理科、政策法规科、办税服务厅和信息中心；确保岗位设置相互监督和控制；精简综合税收部门，充实税收征管的专业化和精细化的业务岗位。进行税务稽查部门的设置改革，合并国税和地税的稽查机构，独立稽查部门的职能，使稽查工作实现垂直领导，实行一体化的税务稽查管理，独立税务稽查工作，直接归属于国家税务总局稽查局的统一领导，在地方上设置省、市两级税务稽查局进行辖区内稽查工作的组织和管理，并按照经济社会状况设立稽查分支机构，依法独立行使稽查权。

三、改善人员状况

（一）提高税收征管人员素质

税收征管人员作为税收征管工作的主体，需要具有较高的素质，特别是领导和组织才能。税收征管人员素质越高，就越可以严格执法、依法行政、为纳税人提供优质服务，从而降低税收征收成本，提高税收征管的效率水平。

税收征管人员的素质是影响税收征管成本和效率的关键因素之一。只有建设高素质的税收征管队伍，才能适应新时期税收征管工作的需要，有效降低成本，提高税收征管效率。税收征管人员应该具有较高的职业素养，既要掌握税收理论、税收专业知识，又要具有一定的经济学、管理学、法学和财务会计基础；既要学习经济理论，又要掌握税收政策；既要了解税务流程，又要熟悉计算机操作。总结起来，税收征管人员应提高人文素质、业务素质、心理素质和道德素质等方面的综合素质。

由于历史的原因，目前税务系统的干部队伍主体是20世纪80年代初期招录的高中毕业生和军队转业干部，只是从90年代以后才陆续引进了财经院校的专业毕业生。今后在选拔税收征管人才时，要严格实行"凡进必考"的机制，严把进入关，让税收征管人员录用工作接受监督，最大限度地选拔德才兼备的人员进入税务干部队伍，并加大违背录用考试制度相关责任人的行政责任与法律责任；对税收征管工作中所需要的高级专业人才，可以通过相应的制度设计，允许适时开放社会精英进入税务队伍的通道，允许精英人才以公开选拔、聘任等适当的方式进入税务系统，进一步提升税务人员的整体素质和工作能力；建立并完善领导干部任期制，处理好能力与资历、水平与文凭的关系，以政绩用干部，真正让有能力、有水平、有才干的税务人员走上领导岗位，发挥其作用。

对税务系统内的在职人员要根据工作需要建立实行税务人员培训制度。对税务人员的培训不仅仅是工作技能、技术水平的培训，还包括道德品质、思想觉悟的培训，这将为提高税收征管效率和税务执法水平注入新的活力。为使税务人员树立终身学习观念，不断更新知识，加强自身素质，需要建立完善的考核、任用和待遇相结合的制度，并针对培训的组织管理、经费来源、培养标准、考核评估、分配使用等建立相关的培训规章制度。在培训内容上要创新，深层次提高税务人员的税收征管能力和综合素质。对干部培训可以创新培训形式，改革传统的课堂教育模式，改变单一的培训方式，在实践中教与学，可采用课堂教育、讨论教育、案例分析、现场观摩、岗位实践、一线锻炼等多种培训教育形式的有机结合。除集中培训外，还可以采取输出培训的方式，或与高校联合举办学历培训班、在职研究生班等方式，鼓励税务人员主动参加在职和脱产的继续教育，提高学历，强化素质。另外，师资也不仅仅局限于高等学校的教师，也可以聘请有实践经验的党政领导、学者、专家任教。

（二）优化税收征管的人力资源配置

人员配比维度的另一个重要的指标就是税收征管的人力资源配置。税收征管人员作为税务部门最基本、最活跃的人力资源，应该加强管理，不断优化其配置，发挥税收征管人员的最大效用，不断提高其工作的主动性和责任心。要改变"疏于管理、淡化责任"的状况，贯彻国家税务总局提出的"面向征管、面向基层"精神，压缩管理人员及其他间接税务人员，将调整下来的人员经过培训后充实到税收征管工作的基层部门，加强税收征管第一线的力量，以提高税收征管效率水平。

对税收征管人力资源配置的优化思路之一是建立税收征管人员能级制度，通过对税收征管人员不同级别业务标准的确定，结合能级管理的考核范围和标准，建立能级准入制度，实现定岗定级、能岗匹配。根据税收征管人员的现状和税收征管工作的模式，应将税收征管人员分为三类，即日常管理类、专业管理类和个体管理类。

对税收征管人员实行分级和能级岗位分类可以实现以事定岗、以岗择人，使人尽其才；可以促进专业化分工，有针对性地对重点及薄弱环节加强管理；可以实现税收征管的科学化、精细化和规范化，全面提升税收征管水平和质量，从而提高税收征管效率。

在人员配置上应以经济税源管理为重心，重新合理配置人、财、物等资源结构。一是要充实基层税收征管人员队伍，提高税收征管人员占整体税务人员的比重，可以根据各分局辖区管户和已有税收征管人员的分布状况，测算不同行业、类型纳税人的管理幅度，调整各分局税收征管人员的数量；二是要合理确定人均管户数量，在新增纳税人日益增多而现有税收征管人员编制一定的情况下，应根据征管人员的能力和征管工作的难易程度，科学测算征管任务，合理分配管户数量；三是要实行科长负责人管理重点管户制度，要求科长负责人在恪尽行政管理职守的同时亲自负责几个重点税源的管理，这样既减少了其他税收征管人员的人均管户压力，同时又使科长负责人充分了解重点税源户的具体征纳情况。

（三）建立激励约束机制

税收征管的无效率与征管人员的约束弱化、监督不力等具有绝对的相关性，应建立健全对税收征管人员的约束和监督，强化监督机制，增强违规风险，规范税收征管人员的行为。在强化约束和监督的同时，还应该采取相应的激励措施，建立健全税收征管人员的考核激励机制，调动税收征管人员的主观能动性和积极进取精神，以提高税收征管效率。

现行的税收征管人员约束激励机制，过多地依赖人员的职业品德，忽视了对他们的利益激励；在目标的选择上，要求税收征管人员献身于税收事业，标准过高，不具有普遍意义。因此，在建立税务人员激励约束机制时，应当承认税收征管人员具有追求利益的要求和权利，尽可能多地把评价标准规范化，并把政绩与待遇直接联系起来，相对地提高税收征管人员的待遇和地位。这样可以保证征管队伍的素质和水准，而且是保证征管队伍稳定和人员廉洁的必要条件。

在选用激励方式时要根据不同对象、不同阶段、不同情况制定合理的激励方式，如目标激励、人事晋升制度激励、奖金激励、声誉激励、参与激励、人群关系激励等，并针对不同的税务征管人员采取不同的激励手段。同时，要配套建立税务人员纪律约束机制，通过加大监察力度、建立监督网络、加强制度建设等措施，形成一个多层次、多形式、多方位的监督网络，以实施有效的监督。

四、　降低征管成本

税收征管成本的节约可以较好地改善税收征管效率。由于税收征管工作必须有一定的征管成本支出，因此，征管成本的无效率值具有一定的刚性。建立科学合理的税收制度体系、加强税务机关和人员的成本意识、改善税务系统财务管理水平、强化税务稽查、完善税务代理制都可以降低税收征管成本，从而达到提高税收征管效率的目的。

（一）进行降低税收征管成本的税制优化

以有效降低税收征管成本为重要目标，对现有税制进行优化，走一条"低税率、宽税基、少减免、无歧视、简税制、严征管"的税制优化道路。

需要简化和完善现行税制，优化税制结构，建立一个简单、稳定和便于征管的税收制度模式，这是降低税收征管成本的根本途径。在优化税制的过程中，必须考虑税收征管成本的大小和税收征管效率的高低，把降低税收征管成本原则作为优化税制的一个重要内容。要完善现有的税制，尽可能取消一些不必要或经济税源比较小的税种。例如，取消土地增值税、耕地占用税、城市维护建设税等不必要的税种，合并房产税与城市房地产税、车船使用税与车船使用牌照税等。在条件允许时，可以开征某些低税收征管成本、有良好经济和社会效益的税种，如遗产税、环境保护税、社会保障税等。对具有共同税基或附征特征的税种可以实行税务代理委托征收制度，这样可以充分利用税收征管资源，减少税务部门的重复劳动。为了降低税收政策变化频繁引起的税收立法成本和税收征管成本，应借鉴国际经验，保持税法的效力级次、稳定性和连贯性。法律形式的税收制度有严格的立法程序，可以尽量避免税收行政文件的不规范性。通过对税制要素的改革和完善，实现税制结构优化、降低成本提高税收征管效率的目的。

建立"低效率税收舍弃制度"，适当地放弃一部分高成本低效率的税种和税收征管部门，选择相对贫困、经济税源分散、征收难度大的地域，给予小区域的税收豁免。通过低效率税收舍弃的方式，不仅能降低税收征管成本，所舍弃的零散低效率的税收具有税收优惠的作用，将国家补贴变为税收鼓励措施，可以激励当地群众发展地区经济，实现脱贫。当然，实行"低效率税收舍弃制度"涉及依法治税，应当谨慎进行，在执行过程中要尽量避免经济税源的非正常性流动，避免造成不必要的税收流失。

建立立法、执法和司法相互独立、制约的税收司法体系。首先，可借鉴发达国家的成功经验，设立税务法院，提高司法水平。税务法院的主要职能是打击涉税犯罪活动，维护税法尊严，保证税务机关不受干预地行使税收执法权并维护纳税人的正当权益。其次，创建税警机构，强化税收征管机关的执法刚性。针对我国税收征管人员的执法权限制，建立税务警察，赋予其调查纳税人银行账户、查封经营场所、收缴欠税等必要的执法权，可以避免不必要的税款流失。

（二）加强税务机关和人员的成本意识

税务机关要建立成本和效率的税收征管意识，制订成本计划，建立经常性的征管成本统计、核算、分析考核的机制，把税收增长模式从目前的"粗放型"增长变为"集约型"增长。降低税收征管成本，迫切需要税收征管部门增强成本意识，牢固树立税收征管成本观念，在思想上彻底摒弃过去的"无本治税"的旧观念，将税收征管成本与效率的高低作为评价工作成效大小的重要标准。税收征管人员应认真贯彻落实"公平、确定、便利和最少征收费用"的税收征管原则，强化税收征管成本核算，优化税收征管成本支出结构，合理控制和降低税收征管成本。

要正确对待税收收入计划任务，在完成税收收入任务的同时要兼顾税收征管成本，将"边际成本"引入税收征管的领域，当税收征管的边际成本大于税收收入增长的边际收益时，就需要改革税收征管制度，改善税收征管效率。在税收任务的制定上，美国政府不下达税收收入任务，认为强制性的税收收入任务会阻碍经济的发展，而是以经济税源和税制情况的变动测算税收收入，将税法视为衡量税收征管工作的唯一标准，认为税收征管的职责就是依法征税。日本则以税收预算为基础，结合经济税源的变动情况合理编制税收收入计划，实现税收收入的科学增长。我国可以借鉴它们的做法，改变税收计划的编制方法，根据税制和经济税源的情况指导税收征管工作，不仅考虑税收收入任务的完成情况，还要考虑税法贯彻落实情况以及对税收市场秩序和经济的促进作用。

（三）改善税务系统财务管理制度

税务机关需要建立规范、系统和科学的财务管理制度，对税收征管的成本进行核算并制订相应的降低成本的计划，明确税收征管成本的开支范围和核算方法，对税收征管成本进行责任管理，规范税务行政经费的管理，从而加强税收征管的成本控制和分析。

建立科学的成本核算财务制度：一是进行税收征管成本预算、决算制度，科学、合理地编制年度税收征管成本预算，增强成本支出的计划性、针对性，避免开支的盲目性。二是对税务经费进行科学管理，优化成本支出：建立基本支出经费最低保障线，保证税收征管人员工资福利性支出，保障日常税收征管费用支出；厉行节约，尽量压缩诸如接待费、会议费、水电费等支出；酌情提高税务教育、信息化建设、税务稽查等方面的投入，研究制定切实可行的制度控制"人（人员）、车（公务用车）、会（会议）、话（话费）"等方面的支出。三是推行政府采购制度，通过竞标降低采购成本，对大宗物资、信息化建设软硬件、税控收款机等实行政府集中采购。四是抑制基础建设投资的过快增长，充分利用社会资源（如各类培训中心、会议中心、其他相关场所等），降低基建的规模。五是严格资产的审批、购置、调剂、报废、处置以及核算等各项手续，科学合理地配置资产，在系统内建立余缺调剂制度，防止重复购置、积压和损失浪费，做好对报废、闲置资产的管理，切实提高资产的使用效益。

建立税收征管成本的财务披露制度，由政府部门相关机构每年公布。对税务机关财务的披露可分步进行：首先，建立专门的税收征管成本预算审批委员会，专门负责税收征管成本支出预算的审批，实现预算的科学化、规范化；其次，可聘请与税务机关无直接利害关系的社会审计机构，对税收成本财务状况进行调查，与税务机关的征管成本预算方案进行对照，有权提请预算审批委员会否决税收征管成本的预算；最终的目标是在宪法中体现税收收入与税收征管成本同时决定原则，将税收征管成本的财务披露制度法治化，并逐步推行预算审批委员会专职化，实现对于税收征管成本的控制和约束。

强化税收征管部门的内部财务审计，发挥财务部门的监督和检查作用。设立内部审计机构，对税务系统的预算、决算的合法性和科学性进行内部检查，规范税收征管成本的核算和税务机关的财务管理制度。将把内部的审计范围逐步从税务机关的财务收支审计扩展到预算编制的审查、专项资金审查、税收征管的成本控制和税收风险审计等领域，形成全方位、合理化的监督和管理制度，使税收征管成本实现事前、事中、事后三个层次的控制和监督，避免浪费，提高利用率，优化支出结构，合理控制税收征管成本以提高税收征管效率。

（四）强化税务稽查

税务稽查是提高税收征管质量、降低税收征管成本、提高税收征管效率的有效保障，我国税务稽查的专业化和社会化程度较低，可借鉴国外在税务稽查方面的先进经验强化我国税务稽查工作。

建立和健全税务稽查的组织机构，实行重点稽查制度，强化税务稽查人员执法的合法性和执法力度，实现对纳税人的纳税义务履行情况进行合理、合法和高质量的监督和检查，以提高税收征管的效率。一方面，要严厉查处各类涉税违法案件，对偷税、逃税、骗税等行为，除追缴流失税款外，还要严格按照法律和政策的规定加收滞纳金，并处以相应比例的罚款，对性质恶劣的案件要依法加大处罚力度。同时，加强案件分析和曝光宣传，开展重点案件的综合分析，掌握其分布情况、作案手段和动向，确定稽查打击重点，对税制和税收征管方面存在的问题要及时提出修正意见；对一些具有典型意义、社会普遍关注的涉税案件，要通过新闻媒体进行曝光。另一方面，要建立和完善首查责任制度，对不认真履行稽查职责甚至以权谋私者，要追究其责任，同时要全面推行复查制度，上级稽查部门要对下级稽查部门办理的案件进行一定比例的复查。

要优化税务稽查资源的配置，把具有良好的政治素质、职业道德，并精通各类经济、税收知识和掌握审计、稽查和计算机信息技术的税务人员配备到税务稽查工作的第一线上。同时，要加强稽查员之间的分工与合作，提高业务素质和稽查水平，采用跨地区、跨税种、交叉检查等各种新稽查形式，提高税务稽查工作的效率。

规范税务稽查程序，对补缴的税款、罚款、滞纳金要合法入库，避免人为留税、偷税、欠税现象，强化纳税人依法纳税的自觉行为。纠正过去的重贷轻税的错误思想，督促企业筹措资金，偿还所欠税款。

（五）完善税务代理制

税务代理业务的规范、有序发展有利于提高税收征管效率，降低税收征管的成本。将税收征管的基础工作交给税务代理办理可有效地利用社会资源，将税务机关从烦琐的纳税事务中解脱出来加强征收管理、稽查管理与信息管理，这不仅能降低税收征管成本，而且能增加税收收入，提高税收征管效率。

可以综合考虑基层资产闲置情况与税务机关的人员超编情况，通过划转闲置资产到税务代理，让部分编外人员或志愿人员进入税务代理的办法，使税务代理与税务机关完全脱钩，建立社会中介税务代理系统。这样既有利于税收收入及时、准确入库，又有利于精减税务人员和精简机构，减少税务机关的成本费用开支，从而降低税收征管成本。加强注册税务师的资格培训，提高从业人员素质，建设高质量的税务代理行业队伍。加强对税务代理的监督和管理，完善税务代理的信誉等级评定制度，规范税务代理的收费，确保税务代理市场的公平竞争，促使其规范、有序、健康地发展。

第六章 税收管理与实践

第一节 税收管理的内容及原则

一、 税收管理的定义

　　管理是一种普遍的社会现象，自有人类社会以来，管理就存在了。早在原始社会，人们为了生存，就组织起来同自然界做斗争，并进行生产和分配，这就是最初的管理活动。在现代社会中，管理更是随处可见，而且种类繁多，大到社会管理、政府管理、宏观经济管理，小到企业班组管理、家庭管理、学校管理等。若从经济角度来看，管理更是多种多样，有经济管理、财政管理、货币管理、税收管理、计划管理、统计管理、财务管理等。总之，从经济到政治，从家庭到国家，从生活到生产，只要有人，就需要管理。虽然古代的管理和现代的管理存在着很大差别，但是它们的本质是一样的。那么，什么是管理呢？

　　简单地说，管理是有关的职能部门或个人，为达到一定的目的，运用各种手段，对某一领域的人、财、物、信息等进行组织、协调和控制的一项活动，也就是管理者为达到既定目标对管理对象进行决策、计划、组织、协调和监督的活动。

　　根据管理的定义，我们可以看到，税收管理就是国家的财政、税务、海关等职能部门，为实现税收分配的目标，依据税收分配活动的特点与规律，对税收分配活动的全过程进行决策、计划、组织、协调和监督的一种管理活动。税收管理是公共管理的重要组成部分。

　　税收管理是随着税收的产生而产生的，因此，税收管理自始至终存在于税收分配活动的全过程之中。税收是国家为了实现其职能，以政治权力为依托，按照预先规定的标准，无偿地参与社会产品或国民收入分配的一种形式。虽然在不同的社会形态下，税收所体现的分配关系是不同的，但是税收作为国家存在的经济基础，在不同的社会形态中均是国家取得财政收入的重要形式。因此，要保证国家行使职能的需要，使税收能够及时、足额地上缴国库，并充分发挥税收的职能作用，就必须进行税收管理。

　　为了确定一定时期内应达到的税收目标，首先，必须进行决策和计划。国家为达到既定的税收目标，就必须制定税收政策，并通过立法机关制定一系列的税收法律、法规，为税收分配活动提供法律保障。同时，如何贯彻执行税收政策和税收法规，又需要国家有关职能部门进行具体的决策和计划。其次，必须进行组织。为了使这些决策和计划付诸实施，必须合理设置管理机构，配备相应的人员，明确各自的责任和应承担的义务，运用可以借助的管理方法和手段，对税收管理活动进行组织和指挥，使税收管理活动的各个环节紧密地联系在一起，以确保税收目标的实现。最后，必须进行协调和监督。在税收管理活动中，还会经常遇到一些矛盾和违反税法、违反财经纪律等问题，为了正确处理各方面的关系和矛盾，维护税法的严肃性，及时纠正和制止各种偏差和违法乱纪行为，必须进行必要的协调和监督。

二、税收管理的内容

税收管理活动涉及国民经济的多个领域和社会再生产的多个环节，主要包括税收立法管理、税收计划管理、税收征收管理、税收行政管理及其他税收管理等内容。[①] 具体如下：

（一）税收立法管理

税收立法也称为税法的制定，即国家立法机关依照一定的程序，制定、修改、废止税法的一种专门性管理活动。狭义的税收立法虽然是由国家权力机关进行的，但是税法草案以及实施细则和具体规定的起草、拟定等，都必须有征收机关参与。从广义的税收立法角度看，在税收管理实践中所适用的各种税收部门规章，通常是由国务院税务主管部门（财政部、国家税务总局、海关总署）制定的。因此，税收立法构成了税收管理的重要内容。

税收立法的核心目的是明确征纳双方的权利义务关系，确定严格的征纳税程序，并最终确立税收制度和税收管理的基本规范。税法是税务部门进行税收征收管理、行政管理及其他管理活动的依据，只有制定出适应中国社会经济形势并正确反映其客观规律的税法，税收的征收管理、行政管理及其他管理活动才能真正做到有法可依。因此，税收立法是进行税收征收管理、行政管理及其他管理活动的前提和基础。

（二）税收计划管理

税收计划是税务机关在现行的税收制度条件下，根据国民经济计划及其发展变化的趋势，结合国家宏观经济政策及财政税收政策的调整变化情况，对未来一定时期内的税收收入进行测算而编制的收入计划。税收计划是政府预算的重要组成部分，是全体税务人员在一定时期内的工作目标，也是检查和考核税收工作的重要依据。税收计划管理是税务机关

①吴旭东，田雷．税收管理［M］．沈阳：东北财经大学出版社，2010：2.

根据一定时期的经济政策和国民经济发展状况，确定税收分配目标并为实现这一目标而进行筹划的管理活动。

税收分配活动必须有计划地进行。税收计划关系到政府行使职能的资金能否得以满足，关系到国民经济能否顺利发展。在税收分配活动中，必须运用计划来指导、组织、监督各级税务机关及其人员执行税收政策、税收法律和组织税款入库。因此，税收计划管理是对税收征收管理的预先规划，也是未来一定时期内税收征收管理的"指示灯"。

（三）税收征收管理

税收征收管理是以税款征收入库为中心的管理活动，因此是税务机关的经常性业务，也是税收管理的核心内容。在实践中，税收的征收管理主要通过以下环节实现：

第一，通过税务登记将纳税人纳入税收管理的监控范围；

第二，通过账簿凭证管理、发票管理、税收票证管理以及税收信息管理，对税源进行有效的监控；

第三，通过实行申报纳税制度、纳税评估制度及税款征收措施，组织税款入库，并根据纳税人的申请或客观情况办理减税、免税、退税等事宜；

第四，通过实施税务检查或税务稽查，处理违章、滞纳等案件和事项，处罚各种逃税行为，促使逃税向依法纳税转化；

第五，通过关联企业管理、预约定价管理及资本弱化管理，抑制避税行为，促使避税向依法纳税转化；

第六，通过开展税收分析，对前述各环节的相关影响因素及其相互关系进行分析、评价，查找税收管理中存在的问题，进而提出完善税收政策、加强税收征收管理的措施建议。

综上，税收征收管理的主要内容包括税务登记、账簿凭证管理、发票管理、税收票证管理、税收信息管理、纳税申报、纳税评估、税款征收、税务检查、反避税管理及税收分析等。

（四）税收行政管理

税收行政管理是对税务机关的组织形式、机构设置、工作程序以及税务人员等进行管理的活动，其主要内容包括税务机构设置、税务人员管理及税务监察等。

税收行政管理是由税务机关的行政性所决定的。一般而言，税务机关具有执法和行政双重性质，一方面税务机关必须依法征收税款，另一方面税务机关又是国家行政管理部门。税收分配活动必须通过一定的机构有组织地完成。为了完成预定的税收目标，必须合理设置机构，配备人员，给每个机构和人员赋予一定的权限和职责，保证税收分配活动有秩序地进行。因此，税务机关的设置是税收行政管理的重要组成部分。税务人员是国家税收法律、法规、税收制度的执行者，制定征收人员工作制度、奖惩制度，对其进行思想教育和业务培训等，也是税收行政管理的重要组成部分。此外，在进行税收行政管理的过程中，还要通过税务监察对税务机关及税务人员执行国家税法、税收政策、规章制度的行政行为进行监督检查，以形成一种制约，促使税务机关及税务人员依法行政。

（五）其他税收管理

其他税收管理是指上述内容以外的其他税收管理活动，主要包括税收救济、税收服务及税收代理等。

税收救济包括税务行政复议、税务行政诉讼及税务行政赔偿，目的是保护纳税人、扣缴义务人和纳税担保人的合法权益，监督并促使税务机关及税务人员依法行政。税收服务包括税收宣传与税收咨询，目的是向纳税人宣传、解释税法，解决其税收困惑，促使或帮助其依法纳税。税务代理是指税务代理人接受纳税人的委托，以纳税人的名义办理税收事宜的各项行为的总称，从某种意义上说，也是税收管理的内容之一。

三、税收管理的原则

税收管理的原则是税收管理活动必须遵循的基本准则。税收管理活动不仅涉及面广，而且政策性强，直接关系到税收法规、税收政策、税收制度的正确贯彻执行，关系到税收收入能否及时、足额入库，关系到税收职能的正确发挥。为了保证税收管理活动的有序进行，正确处理各方面的关系，提高税收管理水平，必须以一定的原则来指导税收管理。

（一）法治原则

税收管理的法治原则是指在税收管理的过程中，税收征纳主体的权利和义务必须由法律加以规定，没有法律依据，任何主体不得征税或减免税收。法治原则是现代市场经济国家进行税收管理的基本原则之一，其核心内容是"立宪征税、依法治税"，即政府的征税权由《中华人民共和国宪法》授予，税收制度以法律的形式确定，税务部门履行职责必须依法进行，税务争讼必须按法定的程序解决。

税收是国家通过法律程序参与社会产品或国民收入分配的一种形式，"立宪征税、依法治税"是税收的本质要求。"立宪征税"就是国家应通过制定税收法律来明确规定纳税人应履行的纳税义务，并在此基础上要求税务机关做到严格执法、秉公执法；"依法治税"就是要求税收管理活动必须以法律为准绳，做到依法办事。只有坚持"立宪征税、依法治税"，才能充分保证税收管理的有效性。

中国的税收法治建设，经过几十年的努力，得到了较快的发展，取得了令世人瞩目的成绩。但是也必须承认，中国目前的税法体系还不够完备，这有待于在今后税收管理的过程中不断地加以解决。

（二）公正原则

税收管理的公正原则是指在税收管理的过程中，尤其在税收执法和处理征纳双方税收纠纷的过程中，必须做到法律面前人人平等。在法律制度层面上，税收管理的公正原则既包括纳税人之间的法律地位平等，也包括税务机关和纳税人之间的法律地位平等。在实践中，税收管理的公正原则主要体现在以下两个方面：

1. 执法方面

从执法方面来说，税务机关在执法过程中，要做到有法必依、执法必严、违法必究，不论任何单位和个人，只要违反了税法，就应严肃处理，不因任何条件（如纳税人的社会地位、经济地位、政治地位等）而发生改变。这就要求税务机关在行使执法职权方面，排除行政干扰，防止以权代法、以言代法等现象，进行严格执法，保障纳税人层面的"法律面前人人平等"。

2. 司法方面

从司法方面来说，社会司法制度必须保障在全社会范围内实现公平和正义。这就要求在对税收纠纷案件和违反税法案件进行调解、仲裁和判决的过程中，必须按照公正司法和严格执法的要求，充分保证调解、仲裁和判决的公正性。司法公正的最终目的在于既要保障税务机关能够依法行使执法职权，又要充分保护纳税人的合法权益不受侵犯，进而在全社会的范围内实现税务机关和纳税人之间的"法律面前人人平等"。

就中国税收管理的实践看，因制度体系不健全，在税收执法方面，目前还存在着执法领域的"自由裁量权"过大、执法中的"越位"与"缺位"并存，以及缺乏有效的执法监督机制等问题，部分执法人员的素质较差，执法不严的现象屡有发生；在税务司法方面也缺乏力度，罪与非罪的界限含混不清，违法难究，以权代法、以罚代刑的现象时有发生，这些都严重削弱了税法的权威性，严重地阻碍了依法治税的进程，影响了税收管理的公正性。这也有待于在今后税收管理的过程中逐步加以解决。

（三）效率原则

税收管理的效率原则是指在税收管理的过程中，应尽可能以较少的人力、物力和财力取得较好的管理效果。讲求效率是一切管理活动必须遵循的基本原则。税收管理中尽量减少人力、物力和财力的耗费，既是税收管理的目的，也是税收管理的基本要求。提高税收管理工作的效率，必须精兵简政，节省征纳费用，提高税收管理人员的政治、业务素质，配备先进的管理工具，提高管理工作的科学性。

衡量税收管理效率的一个重要指标就是税收成本。税收成本是指税收管理过程中的耗费，它包括征收机关的人员经费、办公用具或设施的支出，以及征税过程中各项措施所付出的代价等，这些一般称为征收费用；还包括纳税人为缴纳税款所花费的各项支出，如申报、计算税款、聘请代理人、进行咨询及行政诉讼等人力、物力、财力消耗以及缴纳实物的保管、运输费用等。税收成本的高低，表明税收管理效率的高低。税收成本的高低程度，可以用税收成本占税收总收入的比例等指标来表示。中国目前尚无这方面的准确统计，因此，核算与降低税收成本是提高税收管理效率的一个重要内容。

反映税收成本的指标较多，这里介绍两个主要指标：一是税收成本率，即应收到的单位数量税收收入所耗费的人力、物力和财力的比例；二是税收净收益率，即应收到的单位数量税收收入所包含的实际取得的税收收入。

其计算公式分别为：

$$税收成本率 = \frac{税收成本}{税收收入总额} \times 100\%$$

$$税收净收益率 = \frac{税收收入总额 - 税收成本}{税收收入总额} \times 100\%$$

由于税收成本包括的成本项目较多，各个成本项目的计量难易程度也不相同。为了进一步分析研究税收成本，可以将税收成本进行分解，做具体分析。从税收成本的定义看，它一般可以分为征税主体的征收费用和纳税人的奉行费用，也可分别称为征税成本和纳税成本。

征税成本包括征收机关的人员经费、办公用具或设施的支出以及征税过程中各项措施所付出的代价等，也称为征收费用，如征收人员的工资、奖金、福利费用，办公费，设备费，税法宣传费用等。

它的水平可以用征税成本率来表示，其计算公式为：

$$征税成本率 = \frac{征税成本（或征收费用）}{税收总收入额} \times 100\%$$

这一指标可以反映一个国家或地区税收管理水平的高低程度，反映税收管理效率的高低。税收管理水平越高，管理效率越高，征税成本越少，征税成本率越低；反之，税收管理水平越低，效率也低，征税成本越多，征税成本率越高。这说明征税成本与征税成本率成正比。征税成本率又可细分为国家、地区和税种征税成本率。国家征税成本率反映一个国家的税收管理水平和效率的高低，地区征税成本率反映一个地区的税收管理水平和效率的高低，税种征税成本率反映一个税种的管理效率的高低。国家或地区征税成本率也称为总征税成本率，税种征税成本率也称为个别征税成本率。征税成本率主要受征收机关的规模、机构的设置、人员的数量和政治业务水平、税收管理手段等多种因素的影响，因此，要提高税收管理的效率，就要合理设置机构和配备人员，提高税收管理人员的政治业务水平，采用多种现代的管理手段，并在应取得税收收入不变的情况下，尽量减少或降低征税成本。

纳税成本又称为纳税人的奉行费用，包括纳税人为缴纳税款所花费的各项支出，如申报、计算税款、聘请代理人、进行咨询及行政诉讼等人力、物力、财力消耗，以及缴纳实物的保管、运输费用等。它与征税成本相比，在计量上是非常困难的：首先，纳税人、扣缴义务人数量众多，其业务水平也不尽相同；其次，纳税成本中既有直接成本项目又有间接成本项目，直接成本项目计量较容易些，间接成本计量有时较为复杂（如税收政策和税法发生变化）；最后，接受征收机关检查而耗费的工时，以及因纳税而引起的时间和心理上的损失，是非常难以计量的。虽然纳税成本的计量比较困难，但从提高税收管理效率的角度来说，仍需要不断改进计量办法，减少和降低纳税成本，提高税收管理水平。

相对于西方发达国家而言，中国目前的征税成本和纳税成本都普遍较高，进而影响了税收管理的效率。如何有效地降低税收成本，提高税收管理的效率，是今后税收管理工作面临的一个重要课题。

第二节   税收管理机构的设置

税务机构是指具体行使税收管理的行政权力，实现税收职能，组织税收管理活动的各级国家行政机关。它是国家职能机关的重要组成部分，是进行税收管理的组织保证。

一、 税务机构设置的制度基础

税务机构设置的制度基础是国家的税收管理体制。税收管理体制是划分中央与地方政府，以及地方政府之间税收收入和税收管理权限的制度，是国家经济管理体制和财政管理体制的重要组成部分。

税收是国家取得财政收入的主要形式，由于国家政权是按行政区划建立起来的，因而客观上就存在着国家政权内部各级政府之间划分税收收入和税收管理权限的问题。对这些问题所做的规范性制度，就是税收管理体制。从税收管理体制的主体看，包括税收立法机关、各级政府以及政府授权的税务机构和其他征税机构。从税收管理体制的内容（也称客体）看，应该加以规定的税收管理权限主要有：①税法的制定与颁布；②税法实施中具体问题和特殊情况的解释和说明；③税种的开征与停征；④税目、税率及征税办法的局部调整；⑤减免税的确定；⑥税收收入在各级政府之间的划分。

中国目前实行的是分税制税收管理体制。分税制是分级财政管理体制的一种形式，也是税收管理体制的一种形式。它是中央与地方以及地方与地方的各级政府之间，根据各自的职权范围划分税种或税源，并以此为基础来确定各自的税收权限、税制体系、税务机构和协调财政收支关系的一种制度。其核心内容是根据事权与财权相结合的原则，按税种划分中央与地方税收管理权限及收入归属。在中国现阶段，分税制税收管理体制的核心内容主要体现在以下两个方面：

（一）税收管理权限的划分

中国目前实行的是分享税种型的分税制，即按照税种来划分中央和地方的税收管理权限。具体的管理权限划分如下。

1. 中央政府负责征收和管理的税收

由中央政府负责征收和管理的税收主要是收入数额较大、便于管理的税种以及涉及全国并对整个国民经济有全面影响的税种，具体包括：增值税；消费税（其中，进口环节的增值税、消费税由海关负责代征）；车辆购置税；铁道部门、各银行总行、各保险总公司集中缴纳的营业税、企业所得税、城市维护建设税；中央企业缴纳的企业所得税；中央与地方所属企业、事业单位组成的联营企业、股份制企业缴纳的企业所得税；地方银行和非银行金融企业缴纳的企业所得税；海洋石油企业缴纳的企业所得税；2002年1月1日以后注册的企业、事业单位缴纳的企业所得税；外商投资企业和外国企业缴纳的企业所得税；2009年起新增企业所得税纳税人中，应缴纳增值税的企业缴纳的企业所得税；对股票交易征收的印花税等。

2. 地方政府负责征收和管理的税收

由地方政府负责征收和管理的税收主要是收入数额相对较小以及与地方利益息息相关和较密切的税种，具体包括：营业税、城市维护建设税（不包括上述由国家税务总局系统负责征收管理的营业税、城市维护建设税）；地方企业缴纳的企业所得税（不含上述地方银行及非银行金融企业缴纳的企业所得税）；2009年起新增企业所得税纳税人中，应缴纳营业税的企业缴纳的企业所得税；个人所得税；资源税；印花税（对股票交易征收的印花税除外）；房产税；城镇土地使用税；耕地占用税；土地增值税；车船税；烟叶税；契税等。

（二）税收收入的划分

按照分税制税收管理体制的要求，中国的税收收入分为中央政府固定收入、地方政府固定收入及中央政府与地方政府共享收入，具体内容如下：

1. 中央政府固定收入

中央政府固定收入具体包括消费税（包括海关代征的消费税）、车辆购置税、关税和船舶吨税、海关代征的增值税等。

2. 地方政府固定收入

地方政府固定收入具体包括：房产税、城镇土地使用税、耕地占用税、土地增值税、车船税、烟叶税、契税等。

3. 中央政府与地方政府共享收入

中央政府与地方政府共享收入具体包括：增值税、企业所得税、个人所得税、资源税、印花税和城市维护建设税。

二、 税务机构设置的原则

（一）单独设置原则

从税务机构与其他机构的关系看，为了防止政出多门，各行其是，税务机构必须独立行使国家赋予的行政职能，不受任何单位和部门的行政干预。不仅税务机构要独立设置，而且中央和地方的税务机构也应各自独立。

（二）职责分明原则

税务机构的设置要明确划分和规定内部各部门的权力及其职责范围，使其职有专司、人有专责、人有定事、事有定人，以避免出现职务虚设、人浮于事、权责混乱、推诿敷衍和相互扯皮现象发生。坚持这一原则，就要权责相称，以责任的需要授予权力，以权力的大小规定责任，使责任的承担者拥有相应的权力，权力的运用者承担相应的责任，避免滥用职权，推卸责任或无法履行责任的现象。

（三）协调一致原则

协调的目的在于使税务机构内部的所有单位和部门的活动同步化、和谐化，以实现税收管理的总目标。这一原则是正确处理税务机构内部上下左右关系的一项原则，因为税务机构是为了完成工作任务和达到预期目标由若干税务人员组成的有机整体，只有税务机构内部各部门之间、人员之间，协调和谐而有秩序地工作，才能发挥整体效能，较好地实现共同的目标。没有良好的协调，必然会造成各单位、各部门之间工作的严重脱节和重复，带来各种浪费。

（四）弹性精简原则

任何行政机构的设置都不能固定化、绝对化、公式化，因此，税务机构必须根据税收管理工作的客观需要来设置，只有这样，才能体现管理机构的动态性，并对税收的各种变化因素以及临时的突发事件做出迅速反应和正确决策。在适应客观需要的前提下，税务机构的设置还应尽量地精简。首先，要对税务机构内部的部门合理归类，一个部门只能管理性质相同的事务，不能管理不同性质的事务，即一件事情不分归两个部门，两个部门不同办一件事。其次，要因事设置机构，也就是根据税收管理的目标和任务来设置，凡是可有可无的部门一律不设，不能因机构设事、因人设事；要尽量减少机关工作层次，避免机构臃肿、人浮于事，提高工作效率。

三、 税务机构的设置

一个国家的税务机构如何设置，取决于多方面的因素，其中主要包括一国的行政管理机构、财政管理体制和税收管理体制、税制体系和税收收入的归属等。一般来说，税务机构应按照国家行政管理机构、财政管理机构、税制体系和税收收入归属来设置。

（一）税务机构设置的参照标准

1. 参照行政管理机构设置

从国家行政管理机构来看，它有时会制约着税务机构设置，往往是在各级政府的税收管理权限比较清楚的情况下，税务机构就同行政管理机构相一致。但是对某一级政府机构来说，其税务机构的设置也可以与政府机构的设置不相一致。

2. 参照财政管理机构设置

从税制体系来看，税务机构往往也同税制体系相适应。在中央政府和地方政府实行一套税制体系的情况下，就只能设置一套税务机构；在中央政府和地方政府实行两套税制体系，即中央和地方都有各自的税收立法开征税收的情况下，税务机构就必须是中央和地方分开并相对独立的。

3. 参照税制体系和税收收入归属设置

从税收收入归属来看，当某一种税的收入不是归中央政府，就是归地方政府的时候，往往税务机构就要中央和地方分别设置，否则就可以不分别设置。

（二）中国税务机构的设置

从中国目前的情况看，按照税收管理体制、税制体系和税收收入的归属，中国的税务机构设置为税务机关、海关和财政部门三大机构。关税，船舶吨税和海关代征的进口环节增值税、消费税由海关来履行管理职责；耕地占用税和契税（部分地区）由财政部门来履行管理职责，目前契税在大部分地区已转为由税务机关管理；除了海关、财政部门管理以外的其他税收，均由税务机关来履行管理职责。海关的机构设置与国家行政机构的设置并不一致，而财政部门、税务机关的设置是与国家行政机构的设置相一致的。

1. 税务机关的总体构成

税务机关是主管中国税收征收管理工作的部门。1994 年，为了进一步理顺中央与地方的财政分配关系，更好地发挥国家财政的职能作用，增强中央的宏观调控能力，促进社会主义市场经济体制的建立和国民经济的持续、快速、健康发展，中国开始实行分税制财政管理体制；同时，为了适应分税制财政管理体制的需要，中国对税务机构也进行了相应的配套改革。中央政府设立国家税务总局，是国务院主管税收工作的直属机构。省及省以下税务机构分设为国家税务总局和地方税务局两个系统。

2. 国家税务总局

国家税务总局，是国务院主管税收工作的直属机构，也是中国的最高税务机构。其主要职责是：

（1）具体起草税收法律法规草案及其实施细则并提出税收政策建议，与财政部共同上报和下发，制定贯彻落实的措施；负责对税收法律法规执行过程中的征管和一般性税政问题进行解释，事后向财政部备案。

（2）承担组织实施中央税、共享税及法律法规规定的基金（费）的征收管理责任，力争税款应收尽收。

（3）参与研究宏观经济政策、中央与地方的税权划分并提出完善分税制的建议，研究税负总水平并提出运用税收手段进行宏观调控的建议。

（4）负责组织实施税收征收管理体制改革，起草税收征收管理法律法规草案并制定实施细则，制定和监督执行税收业务、征收管理的规章制度，监督检查税收法律法规、政策的贯彻执行，指导和监督地方税务工作。

（5）负责规划和组织实施纳税服务体系建设，制定纳税服务管理制度，规范纳税服务行为，制定和监督执行纳税人权益保障制度，保护纳税人合法权益，履行提供便捷、优质、高效纳税服务的义务，组织实施税收宣传，拟定注册税务师管理政策并监督实施。

（6）组织实施对纳税人的分类管理和专业化服务，组织实施对大型企业的纳税服务和税源管理。

（7）负责编报税收收入中长期规划和年度计划，开展税源调查，加强税收收入的分析预测，组织办理税收减免等具体事项。

（8）负责制定税收管理信息化制度，拟订税收管理信息化建设中长期规划，组织实施金税工程建设。

（9）开展税收领域的国际交流与合作，参加国家（地区）间税收关系谈判，草签和执行有关的协议、协定。

（10）办理进出口商品的税收及出口退税业务。

（11）对全国国税系统实行垂直管理，协同省级人民政府对省级地方税务局实行双重领导，对省级地方税务局局长任免提出意见。

（12）承办国务院交办的其他事项。

3. 国家税务总局系统

国家税务总局系统的机构设置为四级，即国家税务总局、省（自治区、直辖市）国家税务总局、地（市、州、盟）国家税务总局、县（市、旗）国家税务总局。国家税务总局系统实行国家税务总局垂直管理的领导体制，在机构、编制、经费、领导干部职务的审批等方面按照下管一级的原则，实行垂直管理。

4. 地方税务局系统

地方税务局按行政区划设置，分为三级，即省（自治区、直辖市）地方税务局、地（市、州、盟）地方税务局、县（市、旗）地方税务局。地方税务局系统的管理体制、机构设置、人员编制按《中华人民共和国地方人民政府组织法》的规定办理。省（自治区、直辖市）地方税务局实行省（自治区、直辖市）人民政府和国家税务总局双重领导、以地方政府领导为主的管理体制。国家税务总局对省（自治区、直辖市）地方税务局的领导，主要体现在税收政策、业务的指导和协调以及对国家统一的税收制度、政策的组织实施和监督检查等方面。省（自治区、直辖市）以下地方税务局实行上级税务机关和同级政府双重领导、以上级税务机关垂直领导为主的管理体制，即地（市、州、盟）以及县（市、旗）地方税务局的机构设置、干部管理、人员编制和经费开支由所在省（自治区、直辖市）地方税务机构垂直管理。

国家（地方）税务局系统依法设置，对外称谓统一为国家（地方）税务局、税务分局、税务所和国家（地方）税务局稽查局，按照行政级次、行政（经济）区划或隶属关系命名税务机关名称并明确其职责。各级税务局为全职能局，按照省（自治区、直辖市），副省级城市，地区（市、盟、州）以及直辖市的区、副省级市的区，县（旗）、县级市、地级市城区的行政区划设置，地级以上城市的区也可按经济区划设置。税务分局、税务所为非全职能局（所），是上级税务机关的派出机构。可按行政区划设置，也可按经济区划设置。较大县的城区、管辖五个以上乡镇（街道）可设置税务分局，管辖四个以下乡镇（街道）的机构称税务所。各级税务局稽查局是各级税务局依法对外设置的直属机构。地级市的城区如有需要，可以设置稽查局，城区稽查局视不同情况既可按行政区划设置，也可跨区设置，由所属区税务局管理，业务上接受上级税务局稽查局的指导。

四、 税务机构的职责与权限

由于税务机构是为实现税收职能和行使国家管理税收的行政权力设置的，所以，它的职责与权限也是由实现税收职能和行使国家行政权力的要求决定的。概括起来，主要有以下几个方面：

（一） 拟订和提出税收法草案

按照税收立法程序，每一项税收法规的制定都包括草案的提出、审议、表决、通过和公布等程序。其中，除了税法草案的提出以外的几项程序，均是立法机关的专门职责，其他机关是不具有这种职责的。而税法草案可以由专门的立法委员会提出，也可以由特定的业务职能部门提出，还可以由具备一定资格的一定数量的公民提出。税务机构是国家管理税收的职能部门，因此具有拟订和提出税法草案的职责。中国有些税法的草案就是由财政部、国家税务总局和海关总署提出的。

（二） 遵守和执行税收法规

税收是以法律形式规定的社会产品和国民收入的分配，并从社会成员的手中单方面地转移到国家手中，这种转移并不是放任自流的，而是必须按照税法和有关法规来进行。这就决定了税务机构在管理税收过程中具有执法的职责，也是国家赋予税务机构的重要职责。

（三） 征收和计量税收款项

世界各国负责税款征收和计量的机构多种多样，有税务机关、财政机关、海关，也有银行、会计师事务所，还有税务代理机构等。中国目前主要是税务机关、海关、财政部门。

为了准确反映税收收入的入库情况，以便适当安排财政支出，还必须对税收收入进行计量。这种计量主要包括事先计量、事中计量和事后计量。事先计量表现为税源预测和税收计划，事中计量表现为纳税会计，事后计量表现为税收会计和税收统计。这些方面的计量也主要是由税务机构来完成的。

（四）监督和捍卫国家及公民权益

在税款征收中，应归国家占有的社会产品或国民收入并不一定能够及时足额地入库并形成税收收入，应征税款与实际入库的收入之间的差额是由许多因素造成的，如征收费用（或税收成本）、减免税、偷税、抗税、欠税骗税等，其中逃避税是最主要的原因。

第三节 税收管理实践思考

一、财政税收工作现存问题及深化改革探究

我国自改革开放以来就进入了经济快速发展时期，从最初积贫积弱到现在国际上富有影响力，中国的进步有目共睹，虽然近几年受到疫情的影响，经济发展有所减缓，但是仍然呈现正增长的趋势。我国财政税收工作也因经济的快速发展而进入政策改革，但是快速且频繁的改革政策使得财政税收工作出现了很多问题，需要国家各级部门给予足够的重视，在进行快速改革的同时也要多关注改革政策的实用性和可操作性，将财政税收制度向科学化、法治化、合理化靠拢。在进行财政税收改革的时候要多进行效果检查，如果出现问题要尽早发现并及时改善，要加强法治管理和监督，把一些可能存在的违法行为扼杀在萌芽中。最科学合理的财政税收改革应该是既满足最基本的工作要求，又能促进国家经济的可持续发展。[①]

（一）财政税收深化改革的必要性

1. 我国财政支出体制的优化

我国财政税收体制之所以进行深化改革，无非为了满足社会需求，而我国财政支出体制的优化是进行财政税收体制改革的充分条件。试想与之相对应的财政支出体制已经发生了改变和优化，如果财政税收体制不发生变化，势必会出现经济混乱，社会经济体制结构存在问题。随着我国市场需求的层出不穷以及经济制度的不断变化，传统的财政税收制度明显不能解决我国经济出现的问题，所以财政税收制度的深化改革是社会发展的大势所

---

①卢文. 财政税收工作现存问题及深化改革探究 [J]. 中国市场，2022（20）：56-58.

趋。随着我国财政管理制度的不断推陈出新，财政支出体制也需要进行优化和改革，要想财政支出结构与整个税收体制进行有效契合，就需要政府发挥自己的职能，在其中调控和管理。但是国家财务税收制度的改革并不能一蹴而就，需要经过长期的探索和考察，这与快速增长与变化的经济并不相匹配，所以相关的问题一直都得不到有效的解决。以财政支出体制为例，税收体制的不断改革影响着财政支出体系的发展，只有通过对财政支出体制的不断调整才能真正实现我国财政税收体制的深入改革，而只有科学合理地改变我国财政税收体制才能保证我国经济的平稳快速发展，真正实现我国经济强国的目标。

2. 税收制度发生转型

"营改增"的税收制度改革相信很多人并不陌生，这只是我国税收制度转型的一部分，"营改增"的税收改革使得很多行业都遭受了前所未有的挑战，我国经济市场出现了大幅度的变动。我国税收体制之所以不断进行转型工作，最根本的原因还是为了能够建成适合社会主义发展的新的税收体系，更好地推动我国税收经济的可持续增长，以此来保证我国经济结构的长治久安。在税收制度转型的大前提下，分税制体制也随之浮出水面，我国税收转型的方向也愈加明确了起来，分税制体制对新型税收转型制度有着很好的补充和完善的作用，还能有效推动我国中央财政和地方财政之间的联系和配合，从而提升我国经济的宏观调控能力，保证我国经济的可持续发展。另外，我国经济呈现明显的地区差异，城乡经济体制也有很大的不同，这些无疑为我国财务税收制度改革增加了难度，为了平衡经济差异，实现共同富裕，改变传统的税收形式，对财务税收制度进行深入改革是必要的。

（二）我国财政税收工作存在的问题

1. 财政税收管理工作存在的问题

管理问题是很多行业改革都会遇到的首要问题，合理的管理制度能够让改革事半功倍，所以在进行改革之前先按照社会需求以及经济发展现状制定出科学合理的管理制度是非常有必要的。但是由于经济变化太过迅速，所要求的改革也必须迅速跟上经济发展节奏，留给管理制度制定的时间并不充足，加上相关人才的缺失，使得我国财政税收管理工作仍然存在着很多难以解决的问题。再加上大数据时代的到来，使得我国的整个经济体制每天产生的数据信息只增不减，这为财政税收管理工作增加了难度，导致相关税收工作人员的工作没有办法正常开展，工作出现无序性的同时管理制度也存在极大的漏洞，这些劣势集合在一起形成了税收管理问题，这些问题长时间得不到解决就会形成不利于发展的风气，税务人员会逐渐对税收工作产生轻视心理，没有最基本的职业素养和责任感，最终影响工作进度和工作质量，从而导致整个财务税收工作出现严重问题。

2. 预算管理不全面

预算管理是近几年引入我国的一项管理制度，其在我国的应用是有一定争议性的，但是这并不妨碍我国 80% 以上的企业应用全面预算管理。现阶段我国政府也将全面预算管理应用到了国家财务税收管理之中，但是由于全面预算管理在我国发展的时间较短，再加上我国经济的变化迅速，所以就导致我国对于全面预算管理的使用不够透彻和全面，在使用过程中存在着很多的问题。第一个问题是我国政府部门在进行税收预算管理时很少将重心完全放在管理的全面分配上，最终导致预算管理分配不均匀，为财务税收制度的深入改革增加了难度；第二个问题是我国历年来的历史和社会问题，导致我国政策在施行的过程中可能会出现明显的形式主义，相关的预算管理政策很难在全国范围内贯彻落实，最终导致虽然很多制度与发展理念相互契合，但是却因为难以改变传统观念而无法紧跟时代发展潮流，阻碍了财务税收制度预算管理的分配和落实；第三个问题是财务税收管理内部人员的问题，人才的培养周期很长，虽然近年来我国人民平均文化水平有了很大的提升，但是由于开设预算管理专业的高校并不多，再加上预算管理相关专业并没有引起人们的重视，所以财政税收部门并没有很优秀的专业人才，特别是比较偏僻的地方，人才的质量就更加令人担忧。

这些不太专业的财税管理人员对于国家的财税政策以及管理措施并没有深刻的认识，从而无法对整个管理体制部门内的税收问题做出合理的判断和解决，不能及时找到导致问题的根本原因，从而使我国税收信息可能存在着安全隐患，连最基本的信息安全都无法保证，更别说制度的落实和创新。这三点问题是无法全面落实预算管理制度的最主要原因，只有真正解决这些问题才能保证预算管理的全面覆盖和落实，从而提升我国财务税收体制在全新经济形势下的适应能力。

3. 财务税收的评价指标缺乏科学性

随着文化水平的提升，人们在进行工作的时候更加倾向于寻找具有专业性的科学依据，以此来支撑指标的严谨性。由于我国政治和经济的复杂性，使得我国财政税收制度也同样错综复杂，往往一个小小的改动都会影响很多行业的利益，从而需要综合考虑多方面的因素。在进行具体的税收任务时要认真分析每一个税收对象的性质和特点，用更高的评价标准对不同行业、不同对象进行明确的税收规划。还有就是有一部分企业的财务人员缺乏对问题认识的整体性和远见性，仅仅关注自己企业的工作，对于其他部门的工作、监督部门的要求等都没有太多的了解，从而使不同部门、不同行业之间的评价指标存在很大的差异，简而言之就是各自为营，很难统一，这种明显的差异使得国家财政税收部门在进行企业税收评价的时候很难做出统一的规划性管理。国家财务税收部门之间的工作制度，评价指标都有着很大的差异，再加上各个部门之间的沟通和交流并不算太紧密，导致相互之间的评价标准不同，很难做出最根本的评价，从而导致我国税收评价出现标准混乱的情况，严重阻碍税收制度的深化改革。

（三）财政税收工作深化改革的措施

1. 加强制度管理

进行创新改革的重要前提就是制定出科学合理的管理制度，对于所有工作来说制度是保证工作正常进行的重要前提，在财政税收工作方面制度管理主要体现在以下三个方面：

第一，制度管理要顺应时代发展，满足现代要求的透明化管理。透明化管理是指将管理制度的制定和实行暴露在阳光下，让大众明白国家税收管理制度的要求和标准，从而在一定程度上监督税收管理人员的工作效率和工作进度。当然，税收制度更多的是在税收部门内部公开透明，既能够督促员工更加科学合理地开展工作，又能将这些严谨的管理制度当成领导阶层决策的重要依据和前提。要利用现代科学合理的手段建立符合社会经济发展的现代预算管理体制，综合考虑社会对于财政税收的要求，记录和统计不同行业受到财政税收改革的影响，与相关行业的权威人士协调讨论，找到最适合社会发展以及各行业进步的税收制度。公开透明的税收管理制度能够让全民参与进来，集思广益，更加全面地提升我国税收政策的影响力和有效性。

第二，不断发展完善我国的税收制度，保证我国经济的健康发展。受经济全球化的影响，我国的经济体制受外来文化的影响，再加上不同国家税收的不同，我国税收管理制度的制定存在很大的难度，所以在加强制度管理的过程中要认真分析国际形势，将我国税收与国际关注的热点话题联系起来。就"营改增"税收制度改革而言，对我国的服务行业带来了很大的冲击，只有综合了解税收制度改革后的影响，才能更加全面地实现资源的有效配置，保证我国经济绿色、安全、可持续发展。

第三，中央税收制度和地方税收制度要有一定的差别。我国经济体制很复杂，从最初的一部分人先富起来，到最后追求的共同富裕，我国还有很长的路要走。我国的经济有着明显的地区差异，因此在进行制度管理的时候要保证对地方经济足够了解，在推广制度的时候要先对地方的经济形势和经济体系有所了解，与当地领导人进行协商，再制定科学合理的税收管理制度。虽然不同地域的制度要有所差异，但是最核心的内容不能有差别。首先，要保证不同地区的税收制度与中央的制度相互协调，从而方便中央对整个财政利益进行分配和管理；其次，要保证税收政策将国家的外交国防与安全问题放在管理体系的首位，在推动国家各项政策落实的同时降低可能出现的安全事故，让中央与地方在安全便捷的背景下实现资源共享，共同推动国家经济的发展。

2. 优化财政预算体制

在明确制度的制定和落实后就要将目光放在体制的建成中，需要不断对国家财政税收工作进行创新和优化，加大政府部门的管理特性和支持力度，在提高工作优化积极性的同时，对国内的一些创新型产业起到一定的支持保护作用。我国要大力培养预算管理人才，帮助提升创新型产业的整体效率和统筹兼顾能力，保证我国经济的全面提升。体制的优化可以从传统财政预算的弊端入手，找出传统预算工作之所以需要改革优化的原因，对症下药，以此来提升财政税收工作深化改革的效率和效果。

3. 改善投资环境

经济全球化的到来为我国经济带来了全新的机缘和发展方向，一个国家若只是故步自封的话很难有很大的突破和发展，所以提升我国市场的开放力度，改善企业投资环境，积极引进外资企业来提升我国经济发展是现阶段国家财政税收工作需要注意的。财政税收工作的深化改革要考虑外资企业所带来的不同文化和制度，提升我国货币在世界上的影响力，推动整个市场向活力旺盛的阶段转变。当然注重本土企业的全面发展和提升更是重中之重，促进国外企业与国内企业之间的合作共赢，大力改革我国的经济市场，提升我国对外投资的力度，从而实现我国经济强国的目标。

4. 重视税收监管力度

税收制度的制定是一回事，制度的执行又是另一回事，要想深化改革财政税收工作就必须将制度落到实处，监督管理就是保证制度落实的重要手段。对于部分企业来说它们总会想方设法钻税收制度的空子，从而做出偷税漏税的违法行为，这对国家税收制度的发展来说极为不利。政府部门应该向广大公民普及税收政策，让企业认识到违法乱纪的严重性，树立依法治国的威信，以此来最大限度减少偷税漏税等违法行为的出现。在税收监管不断加强的过程中也要综合考虑国家的根本利益，企业自身发展为辅，国家整体发展为首，提升企业人员的思想觉悟，从根本上杜绝可能出现的问题。

在我国的经济发展过程中，财政税收工作一直都是国之根本，对于普通大众来说税收或许并不明显，但是对于企业以及地域发展来说，税收制度的影响非常明显。税收部门要提升对税收工作的重视程度，认真分析税收改革过程中存在的问题，并以这些问题为依据，制定出科学合理的改善措施，以此来保证我国税收制度的正确性。税收政策是国家经济发展的根本，只有通过不断地改革创新，不断的实践落实、才能最大限度保证我国经济的全面可持续发展。

二、 大数据背景下税收管理改革的实践与思考

在现代社会，数据已经成为企业重要的生产要素之一，大数据技术已经成为现代社会

发展的重要推动力量。在当前大数据背景下，国家税务总局不断推进税收管理改革创新，进一步提升了税收管理的有效性。以税收大数据为基础的税收管理改革实践，有利于合理利用税务系统各种资源和信息，从而提升税收管理工作效率。[①]

（一）　大数据技术对税收管理改革的意义

首先，有效降低税收管理成本。在传统税收管理工作中，需要大量的人力、物力和财力资源，而且税收管理的时间成本较高，无法及时满足现代社会发展需求。在这一背景下，利用大数据技术进行税收管理可以有效降低税收管理成本。以大数据技术为基础的税收管理工作不仅可以减轻税务人员的工作压力，而且还可以有效提升其工作效率。

其次，使税收管理更加智能化、自动化。在大数据技术的支持下，利用大数据技术进行税收管理工作，不仅能够有效提升纳税服务水平，而且还可以提高纳税服务质量。利用大数据技术可以对纳税人进行精准分类，并且能够根据纳税人的不同需求，为其提供更为精准、更为个性化的服务。

最后，通过对纳税人信息、发票信息等进行有效整合与分析，能够为国家税务部门提供更加全面、准确的信息与数据资源。

（二）　当前税收管理在大数据条件下存在的问题

1. 税务系统信息化建设亟待加强

当前，税务系统信息化建设取得了一定进展，但仍存在很多问题，需要进一步加强。从税务系统信息化建设角度来看，主要存在以下三个方面的问题：

第一，信息化程度较低。当前税务系统信息化建设虽然取得了一定成果，但整体上看，仍然处在较低水平。同时，由于信息化建设存在投入大、见效慢、周期长的特点，导致税务系统信息化建设缺少资金支持，严重影响了信息化工作的开展。

第二，数据资源不够丰富。一方面，税务部门在税收数据资源开发利用方面存在很大差距。另一方面，税务系统内部对大数据的认识相对较低。随着社会经济的发展和现代信息技术的应用，税务系统内部对大数据的认识已经从简单的数据整合、数据分析发展到了数据挖掘和智能化处理的阶段。

第三，税收管理系统较为单一。目前，税务系统内仍以"1+3"为主框架型的税收管理系统为主导型结构体系，这种模式无法适应现代经济社会发展和征管模式转型的需要，应尽快进行变革。

①孙文敏. 大数据背景下税收管理改革的实践与思考［J］. 老字号品牌营销，2023，（19）：40-42.

2. 税务工作理念相对落后

当前，我国在税收管理工作中，存在一些不合理的问题，主要体现在以下三个方面。第一，部分税务人员对税收管理的认识还存在不足。第二，部分税务人员的服务意识和服务能力有待提高。由于现代社会是一个"开放"与"透明"的社会，纳税人也更加关注自身税收权益，在这种情况下，税务部门应该积极转变自身工作理念，通过向纳税人提供更加优质、高效的服务来体现其服务职能。[①] 但当前税务部门部分工作人员无法满足纳税人的个性化、多样化服务需求，无法向纳税人提供更加高效、便捷的纳税服务。这不仅会对纳税人造成一定困扰和影响，还会影响到税收管理工作的正常开展。第三，部分税务人员信息化运用能力不足。目前，部分税务人员信息化运用能力不足，无法实现信息化技术与税收管理工作的结合。由于长期缺乏对信息化技术的学习和研究，税务人员在运用信息技术方面还存在一定问题。这不仅会影响到税收管理工作的开展效果，还会影响到税收管理改革工作的顺利进行。

3. 税收专业人才队伍建设不足

第一，税务部门的管理人才队伍建设相对薄弱，在人才培养方面仍存在诸多不足。据相关数据统计，税务系统现有专职管理人才仅占全国公务员总数的3%，而从目前我国税收管理工作实际来看，税务部门人员结构配置与新形势下的税收管理工作发展趋势并不相适应。大部分基层税务部门尚未设置专门的税收管理岗位，人员配置结构还存在严重不足。

第二，税收专业人才培养机制不健全。由于受到传统教育体制等因素的影响，税务系统的管理人才培养机制仍存在不足，人才培养体系不健全，基层税务部门难以为税务人员提供充足的成长空间。此外，目前我国缺乏专门的税务信息技术专业人才培训机构和专业网络培训平台，难以满足当前税收管理工作发展的需要。大数据技术在税收管理工作中的应用不仅需要业务素质过硬、具备专业知识水平和数据分析能力的高素质人才，还需要能对税务数据进行科学合理的处理和分析的复合型人才。从当前我国税收管理工作实际来看，由于缺乏大量复合型人才，我国税收大数据应用水平还有待提高。

第三，在信息化应用方面的人才不足。当前，我国基层税务部门信息化建设仍处于起步阶段，信息化应用能力较弱。信息化应用能力较弱会导致缺乏专业人才对纳税信息进行加工处理和分析利用。因此各地区税务部门之间缺少高效的信息交换平台和互通机制。

第四，缺乏专业化的纳税服务队伍。由于传统观念与税收管理工作相矛盾，税收服务工作很难开展起来，导致部分基层税务部门缺乏专业的纳税服务队伍。

①代文宁.大数据背景下税收管理改革的实践与思考 [J].财经界，2021（4）：165-166.

4. 税收管理制度不够健全

首先，税收征管工作中缺少大数据技术方面的相关法律。当前，我国没有一部法律法规对大数据技术在税收征管中的应用进行规范，税收管理工作与大数据技术的联系并不密切。现阶段税务部门缺乏完善的税收管理制度，无法正确引导数据资源的合理应用，造成了资源浪费，增加了工作难度。

其次，当前我国虽然建立了纳税人权利保障机制，但还没有对纳税人权利的实现进行系统规范和保障。在实际工作中，税务部门未能及时制定有效的税收法律法规来保障纳税人权利的实现。同时，税务部门对纳税人权利的落实情况缺乏有效的监督和约束机制，导致了税务部门无法正确履行对纳税人权利的维护责任。

最后，税收管理工作中缺乏有效的信息共享制度。税务部门与其他部门之间存在一定程度上的信息壁垒。从表面上看，其他部门向税务机关提供相关信息时需要付出一定成本，但从实质上看，税务机关能够获取到其他部门所需要的信息与资源。因此税务机关与其他部门之间的信息壁垒会影响到税收管理工作的顺利开展和执行效率，最终影响整个税收管理工作体系。

（三）大数据背景下税收管理改革的实践与思考分析

1. 将数据共享理念贯穿于税收管理改革的始终

税务管理部门要将数据共享理念贯穿于税收管理改革的始终，构建涵盖纳税人、征管数据、社会信息的"多维一体"征管模式，将纳税人、扣缴义务人和税务机关的纳税申报信息与第三方的涉税信息、企业财务会计信息以及其他涉税信息等都纳入征管数据归集范围，充分利用这些数据进行税收风险识别，实施有针对性的税收管理。在此过程中，税务机关要树立"大数据+税收管理"的理念，充分利用大数据技术和平台，构建以大数据为基础的智能化管理模式，构建覆盖全部税源和税收风险的"全过程"化数据分析识别机制。[①]

首先，要加强税务系统内部各部门间的涉税数据共享。要积极推动税务系统内部各部门间涉税信息共享机制建设，建立部门间涉税信息共享平台，实现税务系统内跨部门、跨区域的涉税信息共享和交换。其次，要加强与公安、财政、工商以及银行等部门间的涉税信息共享。要在完善数据采集机制和安全保障体系的基础上，通过构建税收情报交换系统、纳税人识别号管理系统以及个人金融账户涉税信息采集管理系统等方式实现与银行部门间的涉税信息共享。最后，要建立涉税信息资源整合与应用机制。要加强与金融机构间的合作，建立以税收征信为基础的征信服务平台。

---

①瞿璐．"互联网+"背景下税收管理的改革［J］．财富生活，2021（2）：147-148.

2. 发挥信息技术优势，优化征管流程，推进税收信息化建设

大数据时代的到来，为税务信息化建设提供了良好的发展契机。通过运用信息技术手段，对税收管理进行信息化建设，能够进一步优化税收征管流程，提升税收征管质量和效率。要进一步加强征管资源配置，利用云计算、大数据等先进技术手段，加大税收信息化平台建设力度。要优化纳税服务平台功能，促进服务管理质量和效率的提升。要利用云计算技术手段，构建纳税服务体系、税收征管体系以及风险监控体系等一体化平台。通过创新税务信息管理模式，进一步提升税收管理水平。

3. 强化数据采集应用，加强税源监控

在税收管理中，加强税源监控是增强税收管理质效的有效途径，而实现对税源的有效监控需要加强数据采集应用，以此来提高纳税服务质量。在大数据背景下，在税收管理改革工作中要注意强化对税源监控的要求，从而实现对纳税数据信息的有效采集和应用，并进一步提高税源监控工作效率。同时在大数据背景下，也需要加强对税源监控数据信息的采集分析，从而提高税源监控质量，通过加强对税源信息数据的收集分析工作，能够为纳税人提供更加全面和优质的服务。此外，在税收管理改革工作中，还要注重提升纳税服务质量。通过强化纳税服务工作可以提高纳税人对纳税服务的满意度和税法遵从度。税务部门还需要充分发挥信息化建设在税收管理中的优势作用，进一步增强涉税数据信息采集与应用效果。在此过程中还要注重提高税收分析和预测水平[①]。通过促进税收信息分析和预测水平的提升，可以进一步提高税收管理效率和质量。通过强化大数据应用进一步加强税收管理工作，从而实现对税源的有效监控。

4. 强化人才培养，提高基层人员素质

要加强信息化人才的培养，通过专业培训、岗位练兵等方式，为信息化人才提供更多的学习机会。要注重培养既懂网络又懂技术的复合型人才，在全局范围内进行合理的人才配置。要注重税务部门人才引进机制的构建，加强对高素质专业化复合型人才的引进和培养，通过不断优化干部队伍结构，提升队伍整体素质，实现税务工作的高质量发展。

要不断深化税收征管体制改革，通过深化人事制度改革、绩效管理制度改革等方式，为税务干部提供更多交流锻炼的机会和平台。要完善绩效管理制度体系，将考核结果作为干部选拔、奖惩的重要依据。要健全培训制度体系，通过加强专业培训、岗位练兵、挂职交流等方式提升干部队伍整体素质。要深入实施"千名骨干人才培养工程"，着力培养一批政治坚定、业务精通、作风过硬的高素质专业化人才队伍。要加大对年轻干部的培养力度，大力发现储备优秀年轻干部，加大交流力度，通过合理使用、提拔重用等措施大力提升干部队伍整体水平。

---

①苏爱玲. 大数据时代下税收管理改革研究［J］. 财经界，2019（10）：166-167.

5. 建立完善的税收管理体系

税收管理工作的开展需要基于税收数据，因此在开展税收管理工作时，应该将大数据技术作为基础，建立完善的税收管理体系，从而为税务部门提供准确的数据信息。首先，在大数据背景下，应该构建完善的数据分析系统，并以此为基础对纳税人的实际情况进行了解与掌握。其次，在这一过程中应该借助大数据技术来实现对纳税人的分类管理。例如：以纳税信用等级为标准对纳税人进行分类管理；通过税收大数据分析技术对纳税人发票信息进行整合与分析，从而对纳税人提供更为精准、更为个性化的服务。最后，在税收管理过程中还应该注意数据共享工作的开展。[1] 通过建立统一的大数据平台，实现数据共享。通过建立统一的大数据平台，避免不同部门、不同机构之间出现重复录入、重复分析等问题。这样不仅可以有效提高信息处理能力与水平，而且还可以有效提升信息利用效率和质量。此外，还可以有效避免因部门之间数据传输造成的问题，从而提高工作效率、降低成本。

6. 进一步健全信息安全管理制度

随着大数据技术在税收管理改革工作中的广泛应用，相应的安全保障工作也需要引起重视。

一方面，要进一步完善信息安全管理制度。在大数据时代，对于税收管理工作来说，安全保障工作也具有更高要求。因此，在推进税收管理改革工作时，要注重落实相关安全制度。要注重构建完善的安全保障体系。另一方面，要注重加强网络安全制度建设。要建立健全信息安全管理制度，通过制定切实可行的网络安全保障制度并严格执行，确保数据在采集、存储和使用过程中的安全。[2] 一方面，要加强对数据资源的管理和保护。通过建立完善的数据安全保护体系和采用不同技术手段实现对数据资源的分级分类保护。另一方面，要加大信息技术产品研发力度。税务部门在推进大数据技术应用的过程中，就要注重加大对信息技术产品研发力度。要进一步健全税务系统信息化建设需求分析机制、税务系统信息化建设项目论证机制等制度体系，从而推动税收管理工作中数据资源建设的全面推进和落地应用。

综上所述，在当前大数据背景下进行税收管理改革已经成为必然趋势与现实要求，因此税务部门在开展税收管理改革工作中必须认真分析当前存在的问题与不足之处，并积极采取有效措施进行解决。同时，大数据背景下的税收管理改革也必须注重对人才队伍建设工作的开展，不断提升税务人员的专业素质和业务水平。只有这样才能实现税收管理水平和质量水平的稳步提升。

---

① 林权，夏卿. 浅论大数据时代的税收管理 [J]. 金融经济，2019（4）：108-109.
② 江武峰. 大数据背景下税收管理改革的实践与思考 [J]. 税务研究，2018（1）：113-116.

第七章 公共财政与税收理论应用

第一节 公共财政理论应用

一、 应用公共财政理论，建立无偿纳税服务的必要性

在我国，公民对税收根据的认识是建立在传统的"国家分配论"基础之上的。"所谓赋税就是政府不付任何报酬而向居民取得的东西"，以此为理论依据的税收被定义为"国家以其政治权力为依托而进行的无偿性分配"。在此理论指导下，区别税与非税标志的税收"三性"（强制性、无偿性、固定性）被过分强调，成为割裂政府与公民之间权利义务平等对应关系的利器。国家成为只享有征税权力而无须承担任何代价或回报的权力主体，公民成为担负纳税义务而无权索取任何回报的义务主体。尽管现实生活中政府实际在积极履行其社会职能，公民也在享受政府提供的公共产品和服务，但税收理论上的误导，直接影响了纳税人行使权利的积极意识和政府课税中对纳税人权利的应有尊重。更为有害的是，这直接导致脱离权利的"应尽义务论"在我国税法理论界和实务界的盛行。①

当前，我国市场经济体制下的公共财政格局已初步建立，与之极不相称的却是纳税人权利暗弱和意识不明的现状，这极大地阻碍了依法治税方略的推进。在各经济主体的利益边界日益明晰、利益驱动机制日趋强化的今天，只讲义务而不讲权利的义务论已得不到认同。因此，彰显纳税人权利、重塑纳税人意识都应成为当前依法治税的一个重大课题，应用公共财政理论，积极推行政府的无偿纳税服务势在必行。

二、 建立规范、有序的无偿纳税服务机制

（一）无偿纳税服务的现状

从目前纳税服务工作的开展情况来看，主要由税务机关来执行，政府其他部门基本不介入，而各地税务机关的经费落实得也不一致，导致纳税服务的贯彻落实程度也不同。相对于征收管理是为收税而言，它的作用没有引起人们足够的重视，形式上的东西太多，真

---

① 王玉芳. 应用公共财政理论构建纳税服务体系 [J]. 内蒙古科技与经济, 2011 (09)：26-27.

正有内容的东西却不多，造成这种局面的原因很多，但最主要的原因，是没有明确无偿纳税服务的内容，没有把服务的内容和开支有机地结合起来。

（二）明确无偿服务的内容

将纳税服务经费单列预算，财政支出专款专用，确保无偿服务的贯彻落实。无偿纳税服务应该建立长期规划，将服务的内容和经费固定下来，大致应该包括以下内容：

1. 纳税信息服务

从融入经济全球化的角度看，我国现行的税制尚不适应经济全球化的要求，其中一个很主要的方面就是税收法治的透明度差，因此通过纳税信息服务，可以增加税法的透明度，特别是对进一步规范税收规范性文件和内部规定，有重要的作用。

第一，税法宣传：包括税收法规、政策、基本常识及其纳税人权利义务的宣传。是政府（主要是税务机关）主动提供的，具有普遍性的特点，实施方式可以通过多种媒体，包括电台、电视、报纸、网站以及通信工具（手机）等进行。对目前的税法宣传需要改进的有两点：①对税法宣传的内容和对象以及接受的途径联系起来；②将纳税人的可能的需求与税法宣传结合起来，根据实际情况建立跟踪服务。

第二，咨询服务：咨询服务目前采取方式较多的是 12366 服务热线，还有办税大厅的咨询服务台以及各基层单位的内部电话等。咨询服务主要是纳税人有要求的服务，从目前来看，存在的问题较多，比较突出的有两个：一个是税务机关的人员素质和业务水平问题，另外是税务干部积极性的问题，前者是说想干的干不了，后者是说能干的不想干。解决这两个问题，需要抓好以下几个方面的工作：①建立有效的激励机制，在收入方面拉开差距，能干的奖金多，不能干的奖金少，解决能干不想干的问题；②聘用专业人士，挑选可塑性较强的税务干部，如文化素质高口才比较好的，针对咨询业务进行固定范围的培训，解决想干干不了的问题；③建立纳税人参与的质量评比机制，办税大厅服务台的咨询，可以设计满意度的评比机制，分满意、一般和不满意的级别。

纳税信息服务均属于无偿服务中的普及性纳税服务，只要是办理税务登记后的合法的纳税人均可享受这类服务，不属于根据纳税人的纳税信用的高低来进行分类区别对待的服务。

2. 纳税程序服务

这类服务中包括两类：一类是普及性的纳税服务；另一类是个性化的纳税服务。个性化的纳税服务主要体现在程序上，包括以下两个方面。①监控服务：这类服务属于管理和服务的交叉内容。执行的思路是：根据纳税信用不同，分类别（监控的密度和频率）对纳税人进行监控服务，减少不必要的征税成本。②特殊服务：根据纳税人的信用等级，比如A级纳税信用可以专门为其提供一些特殊服务。包括：限时和即时服务台服务，在办税大厅设立专门的限时和即时服务台为其服务，可以在办税大厅享受特权，在此台进行涉税事宜的办理；上门服务，可以定期限量地享受税务机关的税务干部上门服务；预约服务，可以享受预约服务，税务机关要把窗口单位的税务干部的通信方式告诉纳税人，纳税人提前预约，咨询将办理的涉税事宜，节约纳税成本；提醒服务，可以享受提醒服务，税务干部在充分了解纳税人的涉税事宜前提下，从关心纳税人的角度，为纳税人做一些提醒服务。另外，可以考虑设专人为A级信用的纳税人服务，保证服务的质量。这些特殊服务费用应该列在纳税服务的专款预算之中。

3. 纳税环境服务

从当前纳税服务的现状来看，环境服务需要财政开支的很多，大体包括以下两个大的方面：

第一，硬件环境投资和维护：①信息化建设的投资和维护，这个方面涉及内容很多，需要进一步细化明确，不在本文讨论的范畴；②办税大厅的投资和维护，国家税务总局应进一步规划，统一标准，如服务大厅要固化，建筑也应统一着装，物质的东西固化后，精神的东西才能形成惯性，才能自然地习以为常；③信息符号的建立，可以借鉴国外的一些做法，比如把单纯承担服务功能的税务局改为纳税服务局，从符号中体现意识的转变，更有影响力和说服力。

第二，软件环境的建立与维护：主要指办税大厅的软环境的建立和维护。对办税大厅的税务干部按照服务行业的标志，进行企业化管理。为提高纳税服务的质量，必须加强税务干部的服务意识、服务行为规范的培训，可以挑选一部分素质较高的税务干部，在培训的基础上对其进行企业化管理，为纳税人进行窗口服务，这部分税务干部要定期根据纳税人的满意度进行调整和更新。这部分税务干部的待遇要高，补助应是其工资的50%左右，预算应由纳税服务的专款支出，属于普及性的纳税服务。

4. 纳税权益服务

主要指为保护纳税人合法权利而由税务机关提供的服务。根据《中华人民共和国税收征收管理法》及其实施细则的有关规定，纳税人在征管活动中有以下权利：①知情权；②请求保密权；③申请减税免税、退税权；④陈述权、申辩权；⑤申请行政复议权；⑥提起行政诉讼权；⑦控告和检举权；⑧要求回避权；⑨请求国家赔偿权；⑩委托代理权；⑪索取完税凭证权。

（三）定期公开无偿纳税服务的预算及财政支出

公开与透明，是对政府工作的基本要求，是对政府行为的有效限制，可使各种非法和不当的政府行为得到制约。在宪政体制下，公民有权"隐瞒"自己的秘密，而政府却无权这样做，公共事务的处理要向民众公开，公共职位的产生要向社会开放，公共财政管理和一切公共权力要接受社会的监督。

公共财政的支出，其实就是对纳税人的钱的分配，因此如何分配理所当然要对纳税人有个交代。从税收"取之于民、用之于民"的逻辑上，也非常有必要公开财政的支出情况。也就是说，公共财政必须公开化。从目前我国的公共财政发展来看，是一个渐进的过程，另外，从纳税人监管的角度来看，一般来说，税收和财政在"取之于民、用之于民"上很难建立起直接的联系，比如说，纳税人本年度缴了10万元的税金，那么这10万元花在了什么地方，无法统计，不利于发挥纳税人对公共财政的积极性和主动性，不利于发挥公共财政的效率，使公共财政如实地用在刀刃上。因此，作为直接和纳税人利益休戚相关的纳税服务，最适合也应该首先实行预算和财政支出向社会公开，为体现公共财政的公开性，为政府的政务公开做出应有的贡献。

第二节　绿色税收理论应用

一、关于绿色税收体系的研究

进入新时代，中国取得了令世人瞩目的经济成就。2021年，我国国内生产总值达114.4万亿元，依然是世界第二大经济体，占全球经济的比重超过18%。但也不可否认，由于我国产业结构不合理，重化工产业占比太重，长期以来过度依赖大量资源消耗，一些重要污染物（尤其是大气污染物）排放量长期处于高位，污染治理难度相当大。严峻的资源环境形势不仅直接影响人民群众的生活质量，也严重阻碍了中国经济社会的全面协调可持续发展。在这种背景下，决策层寄希望于税收政策发挥作用，朝着生态文明建设的要求不断优化。建设生态文明是关乎中华民族长久发展的千年大计，我们必须树立和践行绿水青山就是金山银山的理念，毫不动摇地坚持节约资源和保护环境的基本国策，像对待生命一样对待生态环境。自2018年《中华人民共和国环境保护税法》实施以来，我国已构建起以环境保护税、资源税、耕地占用税为主体，以增值税、消费税、企业所得税、车船税、车辆购置税等税种为辅助的绿色税收体系。然而，现行绿色税收体系在运行过程中依然存在与经济社会发展需要不够契合的因素。因此，我们应该全面分析我国绿色税收体系现状，提出完善绿色税收体系的对策建议，从而为建设优美生态环境提供坚实税收制度支撑。

（一）我国绿色税收体系现状分析

1. 绿色主体税种现状分析

（1）环境保护税。环境保护税的征收范围包括大气污染物、水污染物、固体废物和噪声四大类。环境保护税收入规模在税收总收入中占比很小（不足 0.2%），开征目的不是为了增加财政收入（其社会意义远大于财政意义），而是形成有效约束激励机制，提高全社会环境保护意识。目前，我国环境保护税制度执行过程中主要存在以下两点问题：①

一是如何确保污染物监测数据的真实性。污染物自动监测技术缺乏统一标准，导致污染物自动监测设备精确度不稳定，加之对自动监测设备的日常维护力度不够，使得监测数据与实际排放量有一定的出入。对于因排放污染物种类多等不具备监测条件的，税法规定，企业可按排污系数、物料衡算方法计算污染物排污量；但由于缺乏过硬的技术支撑，在实际工作中很少使用。二是环境保护税征管协作机制亟待完善。税务部门和生态环境部门的协作面临诸多法律和实践上的难题，特别是生态环保部门在环保税征管中处于配合地位，其参与征税的主动性亟待增强。两部门的协作没有先例，税务机关对生态环境部门的依赖程度是前所未有的，仍须密切配合，共同发力。

（2）资源税。资源税是对我国境内开发应税资源的单位和个人征收的一种税，由最初的资源补偿费演变而来，已有 30 多年的开征历史，属于典型的地方性税种，近 10 年来税收收入规模增速较快，是资源富足地区的重要财政收入来源。进入新时代，我国经济高速增长对自然资源需求越来越大，这与自然资源供给紧张之间的矛盾日益加剧。在推进生态文明建设进程中，现行资源税制度的缺陷逐渐凸显，已经滞后于经济社会发展需要。一是较低的税率难以反映自然资源的稀缺程度，尤其是原油、天然气、煤炭、稀有矿产等战略资源的税率设计偏低，导致资源开采利用效率低下，资源税的资源节约功能处于弱化状态；二是课税范围比较狭窄，主要针对矿产资源征税，而生态价值越发明显的森林、草原、滩涂等资源游离于课税范围之外，使得这些自然资源存在比较严重的耗费现象，不能全面体现资源税促进资源节约的职能。

（3）耕地占用税。耕地占用税的课税对象，是为建设建筑物或从事非农建设而占用的耕地（用于种植农作物的土地）。开征耕地占用税是为了合理利用土地资源，加强土地管

---

①窦晓冉. 关于绿色税收体系的研究［J］. 河北企业，2022（09）：94-96.

理，保护耕地。最新数据表明，我国耕地面积为 20.25 亿亩，占世界可耕地面积的 7%，人均耕地面积约为世界平均水平的 1/2。保障国家粮食安全的根本在耕地，耕地是粮食生产的命根子。如果耕地都非农化了，我们赖以生存的家底就没有了。以税收手段保护有限的耕地资源，将限制非农建设无序占用农业生产用地，促进土地资源的合理配置。目前，我国耕地占用税在征管实践中存在的主要问题有：纳税人改变原占地用途（不再属于免征或者减征耕地占用税情形），或已申请用地但尚未获得批准先行占地开工，或实际占用耕地面积大于批准占用耕地面积，或未履行报批程序擅自占用耕地，未按照规定进行申报的。

2. 绿色辅助税种现状分析

（1）消费税。消费税既对消耗资源的产品（包括小汽车、摩托车、游艇、成品油、实木地板、木制一次性筷子）征税，又对污染环境的产品（鞭炮焰火、电池、涂料）征税。消费是最终需求，既是生产的最终目的和动力，也是人民对美好生活需要的直接体现。目前，我国消费税制度存在的问题主要表现在抑制有害消费不足。目前，我国消费税征税对象中的高耗能、高污染产品主要包括成品油、木制一次性筷子、实木地板、鞭炮焰火、电池、涂料等六类消费品，抑制有害消费的征收范围偏窄；而不少发达国家早已将煤炭、一次性包装物、不可降解塑料袋等产品纳入消费税征税范围。实木地板、木质一次性筷子、鞭炮焰火、电池、涂料等消费品，既消耗能源又污染环境，对它们的消费税税率设计偏低，显然在节约森林资源、保护生态环境方面的调节力度不够。另外，现行消费税对大多数消费品选在生产环节课征，容易造成税款流失；而且生产环节计税价格低于流通环节计税价格，在一定程度上限制了消费税收入规模。

（2）增值税。增值税的生态税收功能集中表现在资源节约集约方面，即废旧资源利用、新资源研发（新能源开发）和提供节能服务。增值税作为我国第一大税种，占据全部税收收入的 40%，但在资源节约集约、新能源开发、减少污染物排放方面发挥的激励作用有待增强。现行增值税在推进资源节约、环境保护方面主要采取增值税即征即退政策，而各个项目的退税比例总体上不够高，难以实现最佳激励效果。因此，如何进一步增强增值税的生态保护功能，是完善我国现行绿色税收体系的重要举措。

（3）企业所得税。企业所得税的生态税收功能主要体现在环境保护、节能节水、废旧资源利用、提供污染防治服务。我国企业所得税始终保持第二大税种的地位。现行企业所得税的生态税收政策主要集中在环境保护、节能节水、新能源发电、废旧资源利用和提供污染防治服务方面，尽管覆盖生态文明建设的范围比较广，但是发挥的激励力度有待增加，没有深入运用抵免减免、减计收入、加计扣除、加速折旧等政策工具。所以，持续增强企业所得税的生态保护功能，对完善现行绿色税收体系有着重要意义。

（4）车船税和车辆购置税。就推进生态文明建设来讲，车船税、车辆购置税的本身设计是具有积极意义的，问题在于排污环节的转移。汽车在使用过程中，不仅消耗宝贵的石油资源，而且产生上百种污染物（固体悬浮微粒、一氧化碳、碳氢化合物、氮氧化合物、铅及硫氧化合物等）。新能源汽车的能量来源是电能，尽管在使用环节不存在尾气排放，但会导致排污环节前移至燃煤发电（燃煤产生大量污染物是基本常识）。当然，电能来源还可以是风力、水力、太阳能、生物发电等，但就目前我国国情而言，电力主要源泉依旧是燃煤发电（全球能源监测机构发布数据显示，近年来我国燃煤电站发电量占全球煤电的50%左右）。政府促进新能源汽车消费的初衷是减少国内石油消费，保护战略储备资源，确保我国国家能源安全。从这个角度来讲，新能源汽车税收政策发挥着一定的积极作用。

（二）完善绿色税收体系的改革探索

1. 提升环保税和耕地占用税征管质量

全力提高污染物监测能力。环境保护税的计税依据储存在污染物自动监测设备中，监测数据易遭人为伪造、篡改。因此，发现因伪造、篡改监测数据而引起的涉税风险行为，应及时开展联合检查，从严追究排污企业及监测设备运维单位的法律责任。加强对环境监测机构的监管，健全"谁出数谁负责、谁签字谁负责"的责任追溯制度。对符合国家监测规范要求的环境监测机构，税务部门应建立备案登记制度，定期向社会公布备案登记名单。推进环保税大数据治税。传统的以票控税手段无法在环保税征管中发挥功能，只有推进大数据治税才是根本途径。要对污染物监测设备进行全面升级，并连接税收征管信息系统，以便税务机关实时获取排污数据。要积极建立从第三方部门获取涉税数据的信息采集机制，提升数据分析应用水平。要掌握纳税人相关行业能耗指标与污染指标的关系，依靠税务机关自身本领，摸索一套应对环境保护税风险的指标体系。健全税收征管协作机制。着力完善本地区跨部门的环境保护税、耕地占用税部门协作机制，从而更好与税收征管法相衔接。要充分发挥涉税信息共享平台的功能，加快研究制定既符合企业实际情况，又适应征管切身需求的涉及所有征管环节的"全流程"协作机制。要积极开展环境保护税、耕地占用税联合稽查，形成以税务征收为主、多个部门联合稽查为主的稽查制度，不断提升纳税人的税法遵从度。

2. 继续完善资源税制度

新发展阶段呈现了新特征，要立足经济社会发展变化，适应高质量发展要求，认真贯彻绿色发展理念，继续深化资源税制度建设，这对助力生态环境保护具有非凡意义。完善资源税制度的总体目标应是推进资源节约利用，转变经济发展方式，促进经济社会可持续发展。

目前，我国还未对森林、海洋、草地、滩涂等自然资源开征资源税，原因在于税收征管可操作性不强，对其实施全面开征的条件不够成熟。建议通过开展资源税扩围改革试点的办法，尽快将森林、海洋、草地、滩涂等自然资源纳入资源税征收范围，以调动地方政府参与改革的主动性和创造性。试点期间要坚持统筹规划和稳步推进，努力在全社会形成共识，待改革经验成熟后复制推广至全国各地。资源税税率设置务必要反映自然资源的稀缺程度，对于稀缺自然资源和不可再生自然资源，应在现有税负基础上适当提高资源税税率，不仅能限制开发者对紧缺资源的掠夺性开采，还能在很大程度上保障国家能源安全。至于市场价格上涨幅度较大的资源产品，要确保其税率增加幅度高于价格上涨幅度，否则难以彰显资源税的资源节约功能。

3. 加快推进消费税改革

站在推进绿色税收的视角来看，消费税的改革方向应该是扩大对生态环境污染类产品的征税范围，以填补现行消费税制度的调节缺位。要立足新发展阶段的新要求，遵循绿色发展理念，深度把握问题导向，具体结合环境保护综合名录来拓宽消费税的课税范畴，不妨考虑对煤炭、塑料袋、含磷洗衣粉等高污染产品征收消费税。而税率又是彰显消费税调节作用的重要因素，应根据消费品排放污染物量或耗费能源量实行差别税率。对于污染程度深、消耗资源多的消费品，如实木地板、木质一次性筷子、鞭炮焰火、电池、涂料等制定较高税率，促使低能耗、低污染品在市场竞争中获得较高认可度和号召力，从而不断提升消费税对生态保护的引导功效，推进形成节约资源和保护环境的生产方式和生活方式。

建议后移摩托车、小汽车、游艇、鞭炮焰火、成品油的消费税征税环节。国家对机动车、船舶采取严格的登记管理制度，所以天然适宜在零售环节征收消费税；鞭炮焰火既存在安全隐患还污染大气环境，政府为加强对其监管，实行零售专营制度；成品油作为倚重能源，政府对其亦实行严格审批制度。所以，后移鞭炮焰火、成品油的课征环节，亦具有可操作性。此外，现行消费税属于中央专项税，有必要将消费税逐步划归地方，将其由中央税改为中央与地方共享税，使之成为地方政府的重要税收来源。以机动车行业为例，机动车在使用环节呈现显著的负外部性特征，具体表现在产生空气污染，倘若地方政府能够获得更多的消费税收入，将有助于政府利用税收资金改善大气环境。

4. 强化激励功能和健全配套机制

着力丰富生态税收对经济主体的激励政策。从我国各税种收入分布看，增值税、企业所得税两税收入合计超过税收总收入的 60%，但总体上这两个税种的财政收入意义远大于生态建设意义，绿色税收政策力度还比较小。所以，应在增值税、企业所得税已有激励政策基础上，进一步渗透更多促进资源节约、环境保护的税收政策，全面将税收激励政策的重心放至污染物处理、节能减排技术改造、废旧资源综合利用、新能源开发等领域，尤其是对新能源开发项目（具有可再生性、无污染性等优势）实施更强税收激励政策。在增值税设计方面，可考虑对进口新能源设备实施减免增值税政策，对国内生产的新能源设备实施增值税即征即退政策；在企业所得税设计方面，可考虑将购置新能源设备金额的 20%～30% 从税额中抵免（当年不足抵免的可结转），允许新能源企业按新能源研发费用的 100% 在税前加计扣除（或按无形资产成本的 200% 在税前摊销），允许对新能源设备采取加速折旧的方法，不断鼓励企业加大新能源的科技投入力度。

现阶段我国生态税收在总税收收入里所占比重较低，在治理环境方面发挥的作用极为有限。加上征缴绿色税收绝大部分属于事后救济，并不能起到很大程度上的帮助，单单依靠绿色税收机制是远远不够的。成熟市场经济国家构筑绿色税收体系的实践表明，要使绿色税收制度起到实质性作用，离不开各项配套措施的发力，也就是说生态税收应与其他有利于生态文明建设的手段相结合，着力发挥行政手段、法律手段的作用，使其双管齐下、同时发力，才能提高综合效用水平。一是建立绿色公务消费体系，可以通过大力发展电子政务、无纸化办公等举措，降低汽油（交通耗费）、森林等资源消耗，积极发挥政府的示范表率作用，构筑绿色政务发展模式；二是鼓励消费主体购买节能消费品，可以考虑对部分节能产品实施财政补贴措施，达到间接降低市场价格的目标，在消费主体收入效应不变的前提下，能够保护有限的传统资源；三是要对垄断资源产品进行适当的价格管制，特别是对外依存程度较高的石油和天然气，不仅能够保障民生需求，还有利于促进资源合理开发利用。

二、绿色税制促进"碳达峰""碳中和"目标实现

绿色发展是新发展理念的重要组成部分，2020 年我国提出了 2030 年前力争实现碳达峰、在 2060 年前实现碳中和的目标，中央经济工作会议也将"做好碳达峰、碳中和工作"列为 2021 年的重点任务之一。"十四五"是实现我国碳排放达峰的关键期，也是推动经济高质量发展和生态环境质量持续改善的攻坚期，发挥绿色税收的导向作用，进一步完善碳减排相关税收制度，引导低碳生产生活行为，是新时代税收改革发展的题中应有之义。

（一）尽早实现碳达峰争取战略主动，税收应有所作为

碳达峰与碳中和紧密相连，碳中和从长远看是趋势、是必然，从短看则是约束，对现有的经济增长模式、生产组织方式、就业形势等都会产生一定的制约。中央财经委员会

第九次会议指出："要完善绿色低碳政策和市场体系，完善能源'双控'制度，完善有利于绿色低碳发展的财税、价格、金融、土地、政府采购等政策……"税收在国家治理中有着基础性、支柱性和保障性作用，实现碳达峰与经济高质量发展，税收应有所作为。

1. 发挥税收调控作用

通过对不实施低碳行为的经济主体课征高税收，对实施低碳行为的经济主体给予补助，引导企业少排放，促进经济行为主体从事低碳行为；通过不断完善税制，在控制总量、保持企业正常生产经营的情况下促进企业更新环保设备。①

2. 突出绿色税制作用

绿色税制一般是指能够实现生态环境保护、资源节约集约利用、推进绿色生产和消费作用的税种及税收政策的总称。从我国绿色税制的构成看，既包括直接对污染物排放征收的环境保护税，也有其他直接或间接与生态环境保护相关的资源税、消费税和车船税等，还有增值税和企业所得税等涉及资源综合利用、环境保护等方面的绿色税收政策等。通过税收手段正向引导和反向倒逼作用，促进绿色发展方式和生活方式，促进企业加快转型升级和节能减排。

（二）绿色税制改革成效明显，正发挥积极作用

按照绿色发展和建设生态文明的目标要求，我国税制的绿色化改革和转型也在加速，近年来我国绿色税制建设取得了突破性进展。

1. 资源税改革释放绿色利好

资源税既保障社会可持续发展，又保护资源环境。我国资源税改革于2016年7月1日全面推开，改从量计征为从价计征，清理收费基金，建立税收与资源价格直接挂钩的调节机制，促进资源节约集约利用，引领绿色发展，护航美丽中国建设。

2. 环境保护税促进美丽中国建设

2018年1月1日，环境保护税正式开征，通过"多排多征、少排少征、不排不征"的正向激励机制，鼓励节能减排、引导绿色生产，促进高质量发展的改革效益逐步显现，推动了企业向绿色、生态、健康、循环利用的转型。绿色税制下传统高能耗企业面临技术升级发展和产品质量跨越提升的考验。

3. 消费税改革引导合理消费

2014年底，取消汽车轮胎和酒精等消费税税目，拉开了新一轮消费税改革的序幕。

---

① 李宝亮，肖建国. 绿色税收促进"碳达峰""碳中和"目标实现［J］. 中国税务，2021（05）：62-63.

2016 年，消费税迎来改革的窗口期，以征税范围、征收环节、税率为核心的调整加速推进，继取消普通化妆品税目、下调高档化妆品税率之后，体现了消费税促进消费与限制高污染、高消费和高耗能产品的双向调节意图。之后又对超豪华小汽车加征消费税，宏观调控意图清晰明显，促进节能减排的积极信号不断释放。

4. 让科技创新成为关键因素

科技在整个碳达峰、碳中和中具有战略支撑作用，而通过运用税收杠杆可以进一步撬动科技创新：发挥高新技术企业研发费用加计扣除等政策的导向作用，鼓励企业增强研发投入和加大自主创新力度；为支持创新人才引进，对企业技术骨干和高级管理人员取得的股权激励和技术入股，实行递延纳税政策，充分调动科研人员积极性；对高新技术企业发生的职工教育经费支出，在不超过工资薪金总额 8% 的部分准予在计算企业所得税应纳税所得额时扣除。

（三）完善财税政策的有关建议

1. 加强顶层设计

通过总体上的统筹和系统规划，加强各税种协调，发挥整体效应；通过介入生产流通各个环节，综合考虑产业链、消费链各税种的作用发挥。

2. 持续完善各项税收政策

根据新情况、新形势，选择一些污染防治任务重、技术标准成熟的项目逐步扩大征税范围。在资源环境约束加大的背景下，加大对再生资源的综合利用力度。适时调整增值税和企业所得税的资源综合利用优惠目录，统一和扩大资源综合利用的范围，调整政策适用条件。进一步改革完善消费税，更好发挥其引导消费、促进节能减排和调节收入分配的作用。

3. 综合运用财税政策

协调推进碳达峰、碳中和目标，涉及宏观调控、经济增长、科技发展、人民生活、环境保护等方方面面，需要多个部门共同努力。既需要发挥市场调节机制，加速碳排放交易市场的建设，为碳排放合理定价；也需要运用政策手段，通过产业政策和技术标准调整能源结构，完善碳减排相关的财税制度。

参考文献

[1] 王曙光. 财政学 [M]. 北京：科学出版社，2010.

[2] 袁崇坚. 财政学 [M]. 上海：上海财经大学出版社，2009.

[3] 袁晓江. 划清政府与市场的边界 [J]. 行政管理改革，2015（7）：59-63.

[4] 亚当·斯密. 国民财富的性质和原因研究（下卷）[M]. 北京：商务印书馆，1997.

[5] 窦晓冉. 关于绿色税收体系的研究 [J]. 河北企业，2022（09）：94-96.

[6] Paul Heyne . "Efficiency". Concise Encyelopedia of Economics. Indianapolis：Library of Economics and Liberty，2008.

[7] 胡荣桂. 浅论税收征管效率 [J]. 税务研究，2000（5）：58-62.

[8] 韩绍初. 现代型增值税的特点及对我国增值税制改革的建议 [J]. 涉外税务，2010（9）：13-18.

[9] Desai M. A, Foley C F, JrJR. The demand for tax haven operations [J]. Journal of Public Economics，2006，90（3）513-531.

[10] Piggott J., Whalley J. VAT Base Broadening, Self Supply, and the Informal Sector [J]. American Eco-nomic Review，2001，91（4）：1084-1094.

[11] Emran M. S., Stiglitz J. E. On Selective Tax Reform in Developing Countries [J]. 2005，89（4）：599-623.

[12] Keen M. VAT, tariffs, and withholding：Border taxes and informality in developing countries [J]. 2008，92（10-11）：1892-1906.

[13] 冯若娅. 我国税收征管效率及其影响因素研究 [D]. 济南：山东财经大学，2022.

[14] 杨斌，龙新民，李成，等. 东北地区部分行业增值税转型的效应分析 [J]. 涉外税务，2005（06）：9-15.

[15] 聂辉华，方明，李涛. 增值税转型对企业行为和绩效的影响——以东北地区为例 [J]. 管理世界，2009（5）：17-24.

[16] 谢欣，李建军. 地方税收竞争与经济增长关系实证研究 [J]. 财政研究，2011（1）：65-67.

[17] 郭杰，李涛. 中国地方政府间税收竞争研究——基于中国省级面板数据的经验证据 [J]. 管理世界，2009（11）：54-64.